I0645968

Капли крови

Фёдор К. Сологуб

Капли крови

Copyright © 2022 Indo-European Publishing

ISBN: 978-1-64439-811-1

СОДЕРЖАНИЕ

КАПЛИ КРОВИ

ГЛАВА ПЕРВАЯ

Беру кусок жизни, грубой и бедной, и творю из него сладостную легенду, ибо я — поэт. Косней во тьме, тусклая, бытовая, или бушуй яростным пожаром, — над тобою, жизнь, я, поэт, воздвигну творимую мною легенду об очаровательном и прекрасном.

В спутанной зависимости событий случайно всякое начало. Но лучше начать с того, что и в земных переживаниях прекрасно, или хотя бы только красиво и приятно. Прекрасны тело, молодость и веселость в человеке, — прекрасны вода, свет и лето в природе.

Было лето, стоял светлый, знойный полдень, и на реку Скородень падали тяжелые взоры пламенного Змея. Вода, свет и лето сияли и радовались, сияли солнцем и простором, радовались одному ветру, веющему из страны далекой, многим птицам, и двум обнаженным девам.

Две сестры, Елисавета и Елена, купались в реке Скородени. И солнце, и вода были веселы, потому что две девы были прекрасны, и были наги. И обоим девушкам было весело, прохладно, и хотелось двигаться, и смеяться, и болтать, и шутить. Они говорили о человеке, который волновал их воображение.

Девушки были дочери богатого помещика. Место, где они купались, примыкало к обширному, старому саду их усадьбы. Может быть, им было особенно приятно купаться в этой реке потому, что они чувствовали себя госпожами этих быстротекущих вод и песчаных отмелей под их быстрыми ногами. И они плавали и смеялись в этой реке с уверенностью и свободою прирожденных владетельниц и господ. Никто не знает пределов своего господства, — но блаженны утверждающие свое обладание, свою власть!

Они плавали вдоль и поперек реки, состязаясь одна с другой в искусстве плавать и нырять. Их тела, погруженные в воду, представляли восхитительное зрелище для того, кто смотрел бы на них из сада, со скамейки на высоком берегу, любуясь игрою мускулов под их тонкою, эластичною кожею. В телесно-желтом жемчуге их тел тонули розовые тоны. Но розы побеждали на их лицах, и на тех частях тела, которые бывали часто открыты.

Берег против усадьбы был отлогий. Росли кое-где кусты, за ними далеко простирались нивы, и на краю земли и неба

1

виднелись далекие избы подгородной деревни. Крестьянские мальчики проходили порою по берегу. Они не смотрели на купающихся барышень. Гимназист, пришедший издалека, с другого конца города, сидел на корточках за кустами. Он называл себя телятиною: не захватил фотографического аппарата. Но, утешая себя, он думал: "Завтра непременно возьму".

Гимназист поспешно глянул на часы, — заметить, в какое именно время девицы выходят сюда купаться. Он знал девиц, бывал в их доме у своего товарища, их родственника. Теперь младшая, Елена, нравилась ему больше: пухленькая, веселенькая, беленькая, румяненькая, ручки и ножки маленькие. В старшей, Елисавете, ему не нравились руки и ноги, — они казались ему слишком большими, красными. И лицо очень красное, очень загорелое, и вся очень большая.

"Ну, ничего, — думал он, — зато она стройная, этого нельзя отнять".

Около года прошло с той поры, как в городе Скородож поселился отставной приват-доцент, доктор химии, Георгий Сергеевич Триродов. О нем в городе с первых же дней говорили много, и больше несочувственно. Неудивительно, что и две розово-желтые черноволосые девушки в воде говорили о нем же. Они плескались водою, подымали ногами жемчужные и алмазные брызги, и говорили.

— Как все это неясно! — сказала младшая сестра, Елена. — Никто не знает, откуда его состояние, и что он там делает в своем доме, и зачем ему эта детская колония. Слухи какие-то странные ходят. Неясно, право.

Эти Еленины слова напомнили Елисавете статью, которую она читала на днях в московском философском журнале. У Елисаветы была хорошая память. Она сказала, припоминая:

— В нашем мире не может воцариться разум, не может быть устранено все неясное.

Она хотела припоминать дальше, но вспомнила вдруг, что для Елены это не будет занимательно, вздохнула и замолчала. Елена взглянула на нее с выражением привычного любования и преклонения, и сказала:

— Когда так светло, хочется, чтобы и все было ясно, как здесь, вокруг нас.

— А здесь разве ясно? — возразила Елисавета. — Солнце слепит глаза, вода горит и блещет, и в этом бешено-ярком мире мы даже не знаем, нет ли в двух шагах от нас кого-нибудь, кто за нами подсматривает.

Сестры в это время стояли, отдыхая, по грудь в воде, у

лугового берега Скородени. Гимназист на корточках за кустом услышал Елисаветины слова. Он похолодел от смущения, и на четвереньках пустился меж кустами от реки, забрался в рожь, застыл на меже, и притворился, что отдыхает, что даже и не знает, где река. Но никто не замечал его, словно его и не было.

Гимназист посидел и пошел домой с неясным чувством разочарования, обиды, недоумения. Почему-то особенно обидно было ему думать, что для двух купальщиц он был только предполагаемою возможностью, тем, чего на самом деле не было.

Все на свете кончается. Кончилось и купанье сестер. Вышли они обе сразу, и не сговариваясь, из отрадно-прохладной, глубинной воды на землю, в воздух, на земное подножие неба, к жарким лобзаниям тяжело и медленно вздымающегося Змия. На берегу они постояли, нежась Змиевыми лобзаниями, и вошли в закрытую купальню, где были оставлены их одежды, одеваться.

Елисаветин наряд был очень прост. Платье, сшитое туникою, без рукавов, не совсем длинное, зеленовато-желтого цвета, и простая соломенная шляпа. Елисавета почти всегда носила желтые платья. Она любила желтый цвет, курослеп и золото. Хотя она и говорила иногда, что носит желтое, чтобы не казаться слишком красною, но на самом деле она любила желтый цвет просто, искренно и бескорыстно. Желтый цвет радовал Елисавету. В этом было очень далекое, досознательное, воспоминание, словно из иной жизни, прежней.

Тяжелая, черная Елисаветина коса была плотно и красиво положена вокруг головы. Сзади коса была высоко поднята, и открывала сильно загорелую, стройно-поставленную шею. На прекрасном Елисаветином лице было ярко, почти с излишнею силою, выражено преобладание волевой и интеллектуальной жизни над эмоциональною. Был очарователен странно-прямой и длинный разрез губ. Сини были ее глаза, веселые, когда и губы не улыбаются. И веселый, и задумчивый, и нежный был их взгляд. На этом лице казались неожиданно-странными яркий румянец и сильный загар.

Блисавета ждала, когда оденется Елена, медленно ходила по песчаному берегу, и всматривалась в однообразные дали. Мелкие, теплые песчинки ласково гребли похолодевшие в воде, нагие стопы.

Елена одевалась не торопясь. Так ей нравилось, казалось таким украшающим все, что наденет. Она любовалась розовыми рефлексами на своей коже, своим нарядным и легким платьем из светло-розовой, почти белой, ткани,

3

широким розовым шелковым поясом, замкнутым сзади перламутровою пряжкою, соломенною шляпою со светло-розовыми лентами, подбитою желтовато-розовым атласом.

Наконец Елена оделась. Сестры поднялись по отлогой дорожке вверх от берега, и ушли, туда, куда влекло их любопытство. Они любили делать продолжительные прогулки пешком. Несколько раз проходили раньше мимо дома и усадьбы Георгия Триродова, которого они еще ни разу не видели. Сегодня им захотелось опять идти в ту сторону, и постараться заглянуть, увидеть что-нибудь.

Сестры прошли версты две лесом. Тихо говорили они о разном, и слегка волновались. Любопытство часто волнует.

Извилистая лесная дорожка с двумя тележными колеями открывала на каждом повороте живописные виды. Наконец выбранная сестрами дорожка привела их к оврагу. Его заросшие кустами и жесткою травою склоны были дики и красивы. Из глубины оврага доносился сладкий и теплый запах донника, и виднелись там, внизу, его белые метелки. Над оврагом висел узенький мостик, подпертый снизу тонкими кольями. За мостиком тянулась вправо и влево невысокая изгородь, и в ней, прямо против мостика, видна была калитка.

Сестры перешли мостик, придерживаясь за его тонкие, березовые перильца. Потрогали калитку, — заперта. Посмотрели одна на другую. Елисавета, досадливо краснея, сказала:

— Надо вернуться.

— Да, вот и все говорят, что туда не попасть, — сказала Елена, — что надо через изгородь перелезать, да и то не перелезть почему-то. Странно, какие же там у них секреты?

В кустах у изгороди послышался тихий шорох. Ветки раздвинулись. Тихо подбежал бледный мальчик. Быстро глянул на сестер ясными, но слишком спокойными, словно неживыми глазами. Елисавете показался странным склад его бледных губ. Какое-то неподвижно-скорбное выражение таилось в уголках его рта. Он открыл калитку; кажется, сказал что-то, но так тихо, что сестры не расслышали. Или это легкий ветер прошумел в упругих ветках?

Мальчик скрылся за кустами так быстро, словно его и не было. Так быстро, что сестры не успели ни удивиться, ни сказать спасибо. Точно сама калитка распахнулась, или одна из сестер толкнула ее, не замечая.

Они постояли в нерешительности. Непонятное смущение на короткое мгновение охватило обеих, и быстро рассеялось. Любопытство поднялось опять. Сестры вошли.

4

— Как же он открыл? — спросила Елена.

Елисавета молча и скоро шла вперед. Ей было радостно, что попали. И уже не хотела она думать о бледном мальчике, забыла его. Только где-то, в неясном поле сознания, тускло мерцал белый и странный лик.

Был все такой же лес, как и до калитки, такой же задумчивый, и высокий, и разобщающий с небом, чарующий своими тайнами. Но здесь он казался побежденным человеческою деятельною жизнью. Где-то недалеко слышались голоса, крики, смех. Кое-где попадались оставленные игры. Тропинки выходили иногда на усыпанные песком широкие дорожки. Сестры быстро шли по извилистой тропинке в ту сторону, откуда сильнее звучали детские голоса, вскрики, смехи и взвизги. Потом все это многообразие звуков стянулось и растворилось в звонком и сладком пении.

Наконец перед сестрами открылась небольшая прогалина овальной формы. Высокие сосны обстали вокруг этой лужайки так ровно, как стройные колонны великолепной залы. И над нею небесная синева была особенно яркою, чистою и торжественною. На прогалине было много детей разного возраста. В различных местах они сидели и лежали, по-одиночке, по два, по три. В середине десятка три мальчиков и девочек пели и танцевали, и танец их строго следовал ритму песни и с прекрасною точностью передавал ее слова. Их пением и танцем управляла высокая и стройная девушка с сильным, звучным голосом, роскошными золотистыми косами и серыми веселыми глазами.

Все, и дети, и наставницы их, — которых видно было три или четыре, — одеты были одинаково, совсем просто. Простая и легкая одежда их казалась красивою. На них приятно было смотреть, может быть, потому, что их одежда открывала деятельные члены тела, руки и ноги. Одежда должна защищать, а не закрывать, — одевать, а не окутывать.

Синие и красные пятна шапочек и одежд красиво выделяли светлые тона лица, рук и ног. И было весело, и казалось, под этой высокою и ясною лазурью, таким праздничным и чистым это обилие ярких и светлых тонов и смело-открытого тела.

Несколько детей, из тех, которые не пели, подошли к сестрам, и смотрели на них, ласково и доверчиво улыбаясь.

— Можно посидеть, — сказал мальчуган с очень синими глазами, — вот скамеечка.

— Спасибо, миленький, — сказала Елисавета.

Сестры сели. Детям хотелось говорить. Одна маленькая девочка сказала:

5

— А я сейчас белочку видела. На елке сидела. А я как крикнула! а она как побежит!

И другие начали рассказывать, и спрашивать. А те перестали петь, разбежались играть. Золотоволосая учительница подошла к сестрам и спросила:

— Вы из города? Вам у нас нравится?

— Да, у вас хорошо, — сказала Елисавета. — У нас рядом усадьба. Мы — Рамеевы. Я — Елисавета. А это моя сестра, Елена.

Золотоволосая девица покраснела, словно застыдилась, что богатые барышни видят ее нагие плечи и ее босые, до колен открытые ноги. Но увидев, что и барышни, как она, необуты, она утешилась и улыбнулась.

— Я — Надежда Вещезерова, — сказала она.

И внимательно посмотрела на сестер. Елисавета подумала, что она слышала эту фамилию где-то в городе: что-то рассказывали, не помнила, что. Почему-то она не сказала об этом Надежде. Может быть, слышала какую-то тяжелую историю?

Это случалось иногда с Елисаветою, — боязнь спрашивать о прошлом. Кто знает, сколько темного кроется за ясною улыбкою из какой тьмы возникло цветение, внезапно обрадовавшее взор обманчивою красотою, красотою неверных земных переживаний.

— Легко нашли нас? — спрашивала золотоволосая Надежда, ласково в лукаво улыбаясь. — К нам не так-то просто попасть, — пояснила она.

Елисавета сказала:

— Нам открыл калитку белый мальчик. И так быстро убежал, что мы не успели и поблагодарить. Такой бледный и тихий.

Надежда вдруг перестала улыбаться.

— Да, это — не здешний, — с запинкою сказала она. — Они там живут, у Триродова. Их несколько. Не хотите ли позавтракать с нами? — спросила она, быстро оборвав прежнюю свою речь.

Елисавете показалось, что Надежда хочет переменить разговор.

— Мы здесь живем весь день, и едим, и учимся, и играем, все здесь, — говорила Надежда. — Люди строили города, чтобы уйти от зверя, а сами озверели, одичали.

Горькие ноты зазвучали в ее голосе, — отзвуки пережитого? или чутко воспринятое чужое? Она говорила:

— Мы идем из города в лес. От зверя, от одичания в

6

городах. Надо убить зверя. Волки, лисицы, коршуны — хищные, жестокие. Надо убить.

Елисавета спросила:

— Как же убить зверя, который отрастил себе железные и стальные когти и угнездился в городах? Он сам убивает, и не видно конца его злодействам.

Надежда нахмурила брови, стиснула руки и упрямо повторяла:

— Мы его убьем, убьем.

ГЛАВА ВТОРАЯ

Сестры не отказались от угощения. Их напоили и накормили.

Они пробыли здесь более часа: весело разговаривали с детьми и учительницами. Дети были милы и доверчивы. Учительницы, простые и милые, как дети, и такие же, как дети, веселые, казались беспечными и отдыхающими. Но они были постоянно заняты, и все успевали заметить, что требовало их внимания. Впрочем, многое дети затевали и исполняли сами, пользуясь какою-то организациею, которая для сестер осталась еще неизвестною.

Здесь с игрою смешивалось учение. Одна из учительниц пригласила сестер послушать то, что она называла своим уроком. Сестры слушали с удовольствием живую беседу по поводу сегодняшних детских наблюдений в лесу. Были еще учительницы, пришедшие откуда-то из глубины леса, — и дети то уходили в лес, то приходили оттуда все иные.

Учительница, которую слушали сестры, окончила свою беседу, и вдруг быстро убежала куда-то. И дети ушли за нею. За темною зеленью деревьев мелькали красные шапочки, загорелые руки и ноги учительницы и детей. Сестры остались опять одни. Уже никто не обращал на них особого внимания. Они, видимо, никого не стесняли, никому не мешали.

— Пора уходить, — сказала Елена.

Елисавета встала.

— Что ж, пойдем, — сказала она. — С ними очень интересно и легко, но не все ж тут сидеть.

Уход сестер был замечен. Несколько ребятишек подбежали к ним. Дети весело кричали:

— Мы вас проводим, а то вы заблудитесь.

Когда сестры подошли к выходу, Елисавете показалось, что кто-то смотрит на нее, таясь и дивясь. Она с недоумением, странным и тягостным, огляделась по сторонам. За изгородью, за кустами таились мальчик и девочка. Такие же, как будто бы, как и все здешние, но очень белые, словно поцелуи злого Дракона, катящегося в жарком небе, не обжигали их нежной кожи. И мальчик, и девочка смотрели неподвижно, внимательно. Их непорочный взор казался проникающим в самую глубину души, и это почему-то смутило Елисавету. Она шепнула Елене:

— Взгляни, какие странные!

Елена глянула по направлению Елисаветина взора, и равнодушно сказала:

— Уродцы.

Елисавета удивилась этому странному определению, — лица этих таящихся детей были, как лица молящихся ангелов.

В это время дети, провожавшие сестер, смеясь и толкаясь, побежали назад. С сестрами остался один мальчик. Он открыл калитку, и ждал, когда сестры выйдут, чтобы опять закрыть, ее. Елисавета тихо спросила у него:

— Кто это?

Она легким движением головы показала ему на кусты, за которыми таились мальчик и девочка. Веселый мальчуган поглядел по направлению ее взгляда, потом перевел глаза на нее, и сказал:

— Там никого нет.

И в самом деле, уже никого не видно было в кустах. Елисавета сказала:

— Но я там видела мальчика и девочку. Оба такие беленькие, совсем не такие загорелые, как вы. Стояли такие смирные, и смотрели.

Веселый, черноглазый мальчик внимательно посмотрел на Елисавету, слегка нахмурился, опустил глаза, подумал, опять глянул на сестер внимательно и печально, и сказал:

— Там, в главном доме, у Георгия Сергеевича, есть еще тихие дети. Они были больные. Должно быть, еще не поправились. Я не знаю. Только они отдельно.

Мальчик говорил это медленно и задумчиво, словно дивясь, что там, в доме хозяина, есть иные, тихие дети, которые не приходят играть. Вдруг он весело тряхнул головою, словно отгоняя от себя недолжные мысли, снял свою шапочку, и крикнул весело и ласково:

— Счастливого пути, милые сестрицы! Идите вот по этой тропинке.

Он поклонился, убежал, — и уже никого не было около сестер. Они пошли, куда им показал мальчуган. Перед ними открылась тихая долина, и видна была вдали белая стена, за которою таился дом Триродова. Сестры пошли дальше, к этому дому. Перед ними, притаясь за кустами, шел мальчик в белой одежде, словно показывал им дорогу.

Было тихо. Высоко, заслоняясь от людей темно-лиловыми щитами, стоял пламенный Дракон. Он смотрел горячо и злобно из-за обманчивых, зыбких щитов, разливал яркий свет, томил, — и хотел, чтобы ему радовались, чтобы ему слагали гимны. Он хотел царить, и казалось, что он недвижен, что он никогда не захочет идти на покой. Но уже багровая усталость начинала клонить его к западу. И он свирепел, и поцелуи его были знойны, и бешеный взор его багряно туманил девичьи взоры.

Искали девичьи взоры, искали дом Триродова.

Дом Триродова стоял в полутора верстах от городской окраины, не у того конца, где дымные и грязные лежали фабричные слободы, а совсем в противоположной стороне, по реке Скородени выше города Скородожа. Этот дом с усадьбою занимал обширный околоток, обнесенный каменною стеною. Одна сторона усадьбы выходила на реку, другая — к городу, остальная — в поле и в лес. Дом стоял в середине старого сада. Из-за каменного белого высокого забора виднелись только вершины деревьев, и между ними, высоко, две башенки над домом, одна несколько выше другой. Казалось, что кто-то смотрит с этой башни на подходящих сестер.

О доме шла дурная молва, еще с того времени, когда он принадлежал прежнему владельцу, Матову, родственнику сестер Рамеевых. Говорили, что дом населен привидениями и выходцами из могил. Была тропинка у дома с северной стороны усадьбы, которая вела через лес на Крутицкое кладбище. В городе дорожку эту называли Навьею тропою, и по ней боялись ходить даже и днем. О ней складывались легенды. Местная интеллигенция старалась их разрушить, но тщетно. Самую усадьбу иногда называли Навьим двором. Иные рассказывали, что своими глазами видели на воротах загадочную надпись: "Вошли трое, вышли двое". Но теперь этой надписи не было. Видны были только над воротами легко иссеченные цифры, одна под другою: наверху 3, потом 2, внизу 1.

Все злые слухи и отговаривания не помешали Георгию Сергеевичу Триродову купить дом. Он переделал дом, а потом и поселился здесь после того, как его сравнительно недолгая учебная служба была грубо прервана.

Долго перестраивали и переделывали дом. Из-за высоких стен не видно было, что там делалось. Это возбуждало любопытство горожан, и злые толки. Работники были нездешние, привезенные откуда-то издалека. Они не понимали нашей речи, редко показывались на улицах, имели угрюмый вид, были смуглы и малорослы.

— Злые, черные, — говорили в городе, — ножики с собой носят, а в Навьем дворе подземные ходы роют. Сам бритый, как немец, и землекопов изчужа выписал.

— Эта учительница, рыженькая, Надежда Вещезерова, мне понравилась, — сказал Елена.

10

Она вопросительно посмотрела на сестру.

— Да, она очень искренняя, — ответила Елисавета. — Хорошая девочка.

— Они все милые, — более уверенно сказала Елена.

— Да, — нерешительно сказала Елисавета. — А вот другая, та, которая от нас убежала, в ней есть что-то непрямое. Точно легкий налет лицемерия.

— Почему? — спросила Елена.

— Так, чувствуется. Слишком любезно улыбается. Слишком ласково. По всему видно, что флегматична, а старается быть очень живою. И словечки порою проскальзывают, такие, преувеличенные.

За каменною стеною в саду было тихо. В этот час Кирша был свободен. Но он не мог играть,— не игралось.

Маленький Кирша, сын Триродова от его недавно умершей жены, был смуглый и худенький. У него было слишком подвижное лицо, и беспокойные черные глаза. Одет он был, как мальчик в лесу. Он был сегодня неспокоен. Почему-то ему было жутко. Он чувствовал себя так, словно кто-то невидимый его тянет, зовет неслышным шепотом, чего-то требует, — чего? И кто это к их дому подходит? Зачем? Друг или враг? Кто-то чужой, — но странно близкий.

В ту минуту, когда сестры вышли от детей в лесу, Кирша был особенно взволнован. Он увидел в дальнем углу сада мальчика в белой одежде, и побежал к нему. Они тихо и долго говорили. Потом Кирша пошел к отцу.

Георгий Сергеевич Триродов был дома один. Лежа на диване, он читал роман Уайльда.

Триродову было лет сорок. Он был тонок и строен. Коротко остриженные волосы, бритое лицо, — это его очень молодило. Только поближе присмотрясь, могли заметить много седых волос, морщины на лице около глаз, на лбу. Лицо у него было бледное. Широкий лоб казался очень большим, — эффект узкого подбородка, худых щек и лысины.

Комната, где читал Триродов, его кабинет, была большая, светлая и простая, с белым, некрашеным зеркально-ровным полом. Стены были заставлены открытыми книжными шкапами. В стене против окон между шкапами оставалось узкое, человеку стать, место. Казалось почему-то, что там есть дверь, скрытая под обоями. Посередине комнаты стоял стол, очень большой. На нем лежали книги, бумаги, и еще несколько странных предметов, — шестигранные призмы из неизвестного материала, тяжелые, плотные, темно-красного цвета, с багровыми, синими, серыми и черными пятнами и прожилками.

Кирша стукнул в дверь, и вошел, — тихий, маленький, взволнованный. Триродов глянул на него тревожно. Кирша сказал:

— Две барышни там, в лесу. Такие любопытные. По нашей колонии ходили. Теперь им хочется сюда попасть. Походить, посмотреть.

Триродов опустил на страницу романа бледно-зеленую ленту с легко-намеченным узором, положил за руку, притянул к себе, внимательно посмотрел на него, слегка щурясь, и тихо сказал:

— Опять тихих мальчиков выспрашивал.

Кирша покраснел, но стоял прямо и спокойно. Триродов продолжал упрекать:

— Сколько раз я говорил тебе, что это нехорошо! И для тебя худо, и для них.

— Им все равно, — тихо сказал Кирша.

— Почем ты знаешь? — сказал Триродов.

Кирша дернул плечом, и сказал упрямо:

— Зачем же они здесь? На что они нам?

Триродов отвернулся, встал порывисто, подошел к окну, и мрачно смотрел в сад. Словно что-то взвешивалось в его сознании, все еще не решенное. Кирша тихонько подошел к нему, так тихо ступая по белому, теплому полу загорелыми, стройными ногами с широкими стопами, высоким подъемом и длинными, красиво и свободно развернутыми пальцами. Он тронул отца за плечо, — тихо положил на его плечо загорелую руку, — и тихо сказал:

— Ты же ведь знаешь, мой миленький, что я это делаю редко, когда уже очень надо. А сегодня очень я беспокоился. Уж я так и знал, что будет что-то.

— Что будет? — спросил отец.

— Да уж я чувствую, — сказал Кирша просящим голосом, — что надо тебе пустить их к нам. Любопытных-то этих барышень.

Триродов посмотрел на сына очень внимательно, и улыбнулся. Кирша, не улыбаясь, говорил:

— Старшая хорошая. Чем-то похожа на маму. Да и другая тоже ничего, милая.

— Зачем же они ходят? — опять спросил Триродов. — Подождали бы, пока их старшие сюда приведут.

Кирша улыбнулся, потом вздохнул легонько, и сказал раздумчиво, пожимая плечиками:

— Женщины все любопытны. Что ты с ними поделаешь!

Улыбаясь не то радостно, не то жестоко, спросил Триродов:

— А мама к нам не придет?

— Ах, пусть бы пришла, хоть на минуточку! — воскликнул Кирша.

— Что же нам делать с этими девицами? — спросил Триродов.

— Пригласи их, покажи им дом, — сказал Кирша.

— И тихих детей? — тихо спросил Триродов.

— Тихим детям тоже понравилась старшая, — отвечал Кирша.

— А кто они, эти девицы? — спросил Триродов.

— Да это наши соседки, Рамеевы, — отвечал Кирша.

Триродов усмехнулся, и сказал:

— Да, понятно, им любопытно.

Он нахмурился, подошел к столу, взял в руки одну из темных тяжелых призм, слегка приподнял, опять осторожно поставил на место, и сказал Кирше:

— Иди же, встреть их, и проведи сюда.

Кирша, радостно оживляясь, спросил:

— Через двери, или гротом?

— Да, проведи их темным ходом, под землею.

Кирша вышел. Триродов остался один. Он открыл ящик письменного стола, вынул флакон странной формы зеленого стекла с темною жидкостью, и посмотрел в сторону потайной двери. В ту же минуту она открылась тихо и плавно. Вошел мальчик, бледный, тихий и посмотрел на Триродова покойными глазами, тихими, невинными, но понимающими.

Триродов подошел к нему. Упрек зрел на его языке. Но он не мог сказать упрека. Жалость и нежность приникли к его губам. Ов молча дал мальчику флакон странной формы. Мальчик тихо вышел.

ГЛАВА ТРЕТЬЯ

Сестры вошли в перелесок. Повороты дорог закружили их. Вдруг пропали из виду башенки старого дома. И все вокруг показалось незнакомым.

— Да мы заблудились, — весело сказала Елена.

— Как-нибудь выйдем, — ответила Елисавета. — Куда-нибудь выйдем.

В это время навстречу им из кустов вышел Кирша, маленький, загорелый, красивый. Черные, сросшиеся брови и неприкрытые шапкою черные вьющиеся на голове волосы придавали ему дикий вид лесного зоя.

— Миленький, откуда ты? — спросила Елисавета.

Кирша смотрел на сестер внимательно, прямым и невинным взглядом. Он сказал:

— Я — Кирша Триродов. Идите прямо по этой дорожке, — вот и попадете, куда вам надо. Идите за мною.

Он повернулся, и пошел. Сестры шли за ним по узкой дорожке мех высоких деревьев. Кое-где цветы виднелись, — мелкие, белые, пахучие. От цветов поднимался странный, пряный запах. Сестрам стало весело и томно. Кирша молча шел перед ними.

Дорога окончилась. Перед сестрами возвышался холм, заросший перепутанною, некрасивою травою. У подножия холма виднелась ржавая дверь, — словно там хранилось что-то.

Кирша пошарил в кармане, вынул ключ, и открыл дверь. Она неприятно заскрипела, зевнула холодом, сыростью и страхом. Стал виден далекий, темный ход. Кирша нажал какое-то около двери место. Темный ход осветился, словно в нем зажглись электрические лампочки. Но ламп не было видно.

Сестры вошли в грот. Свет лился отовсюду. Но источников света сестры не могли заметить. Казалось, что светились самые стены. Очень равномерно разливался свет, и нигде не видно было ни ярких рефлексов, ни теневых пятен.

Сестры шли. Теперь они были одни. Дверь за ними со скрипом заперлась. Кирша убежал вперед. Сестры скоро перестали его видеть. Коридор был извилист. Почему-то сестры не могли идти скоро. Какая-то тяжесть сковывала ноги. Казалось, что этот ход идет глубоко под землею, — он слегка склонялся. И шли так долго. Было сыро и жарко. И все жарче становилось. Странно пахло, — тоскливый, чуждый разливался аромат. Он становился все душистее, и все томнее. От этого

14

запаха слегка кружилась голова, и сердце сладко больно замирало.

Как долго идти! Все медленнее движутся ноги. Каменный так жесток пол!

— Как трудно идти, — шептала Елисавета, — как жестко!

— Какие жесткие плиты, — жаловалась Елена, — моим ногам холодно.

Так долго шли! С таким усилием влеклись в душном, сыром подземельи! И казалось, что целый век прошел, что конца не будет, что придется все идти, идти, подземным, узким, извилистым ходом, идти неведомо куда!

Свет меркнет, в глазах туман, темнеет. И нет конца. Жестокий путь!

И вдруг окончен темный, трудный путь! Перед сестрами — открытая дверь, и в нее льется белый, слитный и торжественный свет, — радость освобождения!

Сестры вошли в громадную оранжерею. Жили там странные, чудовищно-зеленые и могучие растения. Было очень влажно и душно. Стеклянные стены в железном переплете пропускали много света. Свет казался слишком ярким, беспощадно ярким, — так все металось в глаза!

Елена посмотрела на свое платье. Оно казалось ей сырым, изношенным. Но яркий свет отвлек ее взоры. Она засмотрелась, и забыла о своем. Стеклянное, зеленовато-голубое небо оранжереи искрилось в горело. Лютый Змей радовался стеклянному плену земных воздыханий. Он бешено целовал свои любимые, ядовитые травы.

— Здесь еще страшнее, чем в подземельи, — сказала Елисавета, — выйдем отсюда поскорее.

— Нет, здесь хорошо, — со счастливою улыбкою сказала Елена, любуясь алыми и багряными цветами, распустившимися в круглом бассейне.

Но Елисавета быстро шла к выходу в сад. Елена догоняла ее, и ворчала:

— Куда бежишь? Здесь скамеечки есть, посидеть можно.

Елисавета и Елена вышли в сад. Триродов встретил их на дорожке у оранжереи. Он сказал просто и решительно:

— Вас интересует этот дом и его хозяин. Вот — я, и, если хотите, я покажу вам часть моих владений.

Елена покраснела. Елисавета спокойно наклонила голову, и сказала:

— Да, мы — любопытные девушки. Этот дом принадлежал нашему родственнику. Но он стоял заброшенный. Говорят, здесь много перемен.

— Да, много перемен, — тихо сказал Триродов. — Но главное осталось, как было.

— Всех удивляет, — продолжала Елисавета, — что вы решились здесь поселиться. Вас не остановила репутация этого дома.

Триродов повел сестер, показывая им сад и дом. Разговор шёл легко и свободно. Первое смущение сестер скоро прошло. Им легко было с Триродовым. Дружески спокойный тон Триродова сломал неловкость в думах сестер. Они шли, смотрели. А вокруг них, близкая, но далекая, таилась иная жизнь. Иногда слышалась музыка, — меланхолическое рокотание струн, тихие жалобы флейты. Иногда чей-то свирельный голос заводил нужную и тихую песню.

На одной лужайке, в густой тени старых деревьев, закрытые от грубого, пламенного Змея отрадною тьмою листвы, в тихом хороводе кружились мальчики и девочки в белых одеждах. Сестры подошли, — дети разбежались. Так тихо убежали, едва колыхнули, задевши, ветки, исчезли, — и точно их и не было.

Сестры шли, слушали Триродова, и любовались садом, — его деревьями, лужайками, прудами, островками, тихо журчащими фонтанами, живописными беседками, многоцветною радостью цветущих куртин. Сестры чувствовали странную, томную усталость. Но им было весело и радостно, что они попали в этот замкнутый дом, — как-то по-школьнически весело, что вошли сюда с нарушением общепринятых правил хорошего общества.

Когда вошли в одну комнату в дом, Елена воскликнула:

— Какая странная комната!

— Магическая, — с улыбкою сказал Триродов.

Странная комната, — все в ней было неправильно: потолок покатый, пол вогнутый, углы круглые, на стенах непонятные картины и неизвестные начертания. В одном углу большой, темный, плоский предмет в резной раме черного дерева.

— Зеркало, в которое интересно смотреть, — сказал Триродов. — Только надо зайти туда, в треугольник, к стене, — к углу.

Сестры зашли, глянули в зеркало, — в зеркале отразились два старых, морщинистых лица. Елена закричала от страха. Елисавета побледнела, обернулась к сестре, и улыбнулась.

— Не бойся, — сказала она. — Это какой-то фокус.

Елена посмотрела на нее, и в ужасе закричала:

— Ты совсем старая стала! Волосы седые. Какой ужас!

Она бросилась из-за зеркала, крича в страхе:

— Что это такое? что это?

Елисавета вышла за нею. Она не понимала случившегося, волновалась, старалась скрыть свое смущение. Триродов смотрел на них просто и спокойно. Он открыл шкап, вделанный в стену.

— Успокойтесь, — сказал он Елене, — выпейте этой воды, которую я вам дам.

Он подал ей стакан с бесцветною, как вода, жидкостью. Елена поспешно выпила кисло-сладкую воду, и вдруг ей стало весело. Выпила и Елисавета. Елена бросилась к зеркалу.

— Я опять молодая! — закричала она звонко. Выбежала, обняла Елисавету, говорила весело:

— И ты, Елисавета, помолодела.

Буйная веселость охватила обеих сестер. Они схватились за руки, в принялись плясать, кружась по комнате. И вдруг им стало стыдно. Они остановились, не знали, куда глядеть, и засмеялись смущенно. Елисавета сказала:

— Какие мы глупые! Вам смешно глядеть на нас, да?

Триродов ласково улыбнулся.

— Такое свойство этого места, — сказал он. — Ужас и восторг живут здесь вместе.

Много интересных вещей сестры видели в .доме, — предметы искусства и культа, — вещи, говорящие о далеких странах и о веках седой древности, — гравюры странного и волнующего характера, — многоцветные камни, бирюза, жемчуг, — кумиры, безобразные, смешные и ужасные, — изображение Божественного Отрока, — как многие его рисовали, но только одно лицо поразило Елисавету...

Елену забавляли вещи, похожие на игрушки. Много есть вещей, которыми можно играть, смешивая магию отражений времен и пространства.

Так много видели сестры, — казалось, прошел целый век. Но на самом деле сестры пробыли здесь только два часа. Мы не умеем измерять времен. Иной час — век, иной час — миг, а мы уравняли.

— Как, только два часа! — сказала Елена. — Да это страшно много. Пора домой, к обеду.

— А нельзя опоздать? — спросил Триродов.

— Как можно! — воскликнула Елена.

Елисавета объяснила:

— Час обеда у нас строго соблюдается.

— Вас довезут, — сказал Триродов.

Сестры поблагодарили. Но надо было уходить. Они сразу почувствовали усталость, и печаль, простились с Триродовым,

17

и молча пошли. Мальчик в белой одежде шел перед ними в саду, и показывал дорогу.

Опять вошли сестры в тот же подземный ход, увидели мягкое ложе, и вдруг почувствовали такую слабость, что шагу не сделать.

— Сядем, — сказала Елена.

— Да, — ответила Елисавета, — я тоже устала. Как странно! Какое утомление!

Сестры сели. Елисавета говорила тихо:

— Здесь неживой падает на нас свет из неизвестного источника, и он страшен, — но теперь мне еще страшнее грозный лик чудовища, горящего и не сгорающего над нами.

— Милое солнце, — тихо сказала Елена.

— Оно погаснет, — говорила Елисавета, — оно погаснет, неправедное светило, и в глубине земных переходов люди, освобожденные от опаляющего Змея и от убивающего холода, вознесут новую, мудрую жизнь.

Елена шептала:

— Когда земля застынет, люди умрут.

— Земля не умрет, — так же тихо ответила Елисавета.

Сестры заснули. Они спали недолго, но, когда проснулись: обе вдруг, все, что было сейчас, казалось им сном. Они заторопились.

— Давно пора возвращаться, — озабоченно говорила Елена.

Они побежали. Дверь из подземного хода была открыта. У выхода на дороге стоял шарабан. Кирша сидел и держал вожжи. Сестры уселись. Елисавета стала править. Кирша короткими словами говорил дорогу. Говорили мало, — слово, два скажут, и молчат.

У своей усадьбы сестры вышли из экипажа. Их обнимало полусонное настроение. Не успели и поблагодарить — так быстро уехал Кирша. Только пыль влеклась по дороге, и слышался стук копыт, да шуршанье колес по щебню.

ГЛАВА ЧЕТВЕРТАЯ

Сестры едва успели переодеться к обеду. Усталые и рассеянные, вышли они в столовую. Там уже их ждали, — отец, землевладелец Рамеев, и Матовы, студент Петр Дмитриевич и гимназист Мишан, сыновья двоюродного брата Рамеева, ныне умершего, которому принадлежала прежде усадьба Триродова.

Сестры мало говорили. Промолчали и о том, где были сегодня, и что видели. А прежде они бывали откровеннее, и любили поговорил., рассказать.

Петр Матов, высокий, худощавый, бледный юноша с горящими глазами, с видом человека, собирающегося поступить в пророческую школу, казался озабоченным и раздраженным. Его нервность почему-то отражалась, — неуверенными улыбками и неловкими движениями, — на Мише. Это был мальчик упитанный, с розовыми щеками, быстроглазый, веселый, но, очевидно, слишком впечатлительный. Теперь беспричинная, по-видимому, в краях его улыбающегося рта трепетала легкая дрожь.

Рамеев, невысокий, плотный старик со спокойными манерами хорошо воспитанного и уравновешенного человека, не давая заметить, что ждал дочерей, неторопливо занял свое место за обеденным столом, сдвинутым теперь и казавшимся маленьким посреди просторной столовой из темного резного дуба. Мисс Гаррисон невозмутимо прянялась разливать суп, — полная, спокойная, с седеющими волосами дама, олицетворение благополучного, хозяйственного дома.

Рамеев заметил, что дочери устали. Смутное опасение поднялось в нем. Но он быстро погасил в себе легкое пламя неудовольствия, ласково улыбнулся дочерям, и тихо, словно осторожно намекая на что-то, сказал:

— Далеконько вы, мои милые, заходите.

И после молчания недолгого, но неловкого, смягчая тайный смысл своих слов и разрешая легкое замешательство девиц, прибавил:

— Я замечаю, что вы несколько забросили езду верхом.

Потом обратился к старшему из братьев:

— Ну, что нового в городе слышно, Петя?

Сестрам было неловко. Они постарались принять участие в разговоре.

Это было в те дни, когда кровавый бес убийства носился над нашею родиною, и страшные дела его бросали раздор и

19

вражду в недра мирных семейств. Молодежь в этом доме, как и везде, часто говорила и спорила о том, что свершилось, о том, что свершалось, о том, чему еще надлежало быть. Спорили, были несогласны. Дружба с детства и хорошее воспитание рядили в мягкие формы идейные противоречия. Но случалось, что спор доходил до резкостей.

Отвечая Рамееву, Петр стад рассказывать о рабочих волнениях, о подготовлявшихся забастовках. Раздражение слышалось в его словах. Он религиозно-философского сознания. Он думал, что мистическая жизнь человеческих единений должна быть завершена в блистательных и увлекающих формах цезаропапизма. Он думая, что любил свободу, — Христову, — но бурные движения пробуждающегося были ему ненавистны. Обольстил его царящий, огненный Змей, свирепый и мстительный Адонаи, — обольстил его соблазнами торжествующей гармонии, золотою свирелью Аполлона.

— Новости ужасные, — говорил Петр, — готовится общая забастовка. Говорят, что завтра все заводы в городе остановятся.

Миша неожиданно засмеялся, совсем по-детски, весело в звонко, и вскрикнул с восторгом:

— Если бы вы видели, какая физиономия бывает у директора во всех таких случаях!

Голос у него был нежный и звенящий, и так звучал кротко и ласково, точно он рассказывал о блаженном и невинном, об ангельской непорочной игре у порога райских обителей. Слова забастовка, обструкция звучали в его устах, как названия редких и сладких лакомств. Ему стало весело, и вдруг захотелось сошкольничать. Он звонко затянул было:

— Вставай, поднимайся...

Но сконфузился, оборвался, замолчал, покраснел. Сестры засмеялись. Петр смотрел угрюмо. Рамеев ласково улыбнулся. Мисс Гаррисон, делая вид, что не замечает беспорядочной выходки, спокойно взялась за грушу электрического звонка, подвешенную к висевшей над столом люстре, — переменить блюдо.

Обед длился обычным порядком. Спор разгорался, и беспорядочно перебрасывался с предмета на предмет. Говорят, что такова русская манера спорить. Может быть, это всемирная манера людей, когда они говорят о том, что их очень волнует. Чтобы спорить систематично, надо выбрать сначала председателя. Свободный разговор всегда мечется.

Петр пылко восклицал:

— Самодержавие пролетариата почему же лучше того, что уже есть? И что это за варварские, дикие лозунги! "Кто не с нами, тот наш враг! Кто хозяин, с места прочь, оставь наш пир!"

— О нашем пире пока еще рано говорить, — сдержанным голосом возразила Елена.

— Вы знаете ли, к чему мы стремимся? — продолжал Петр. — Надвигается пугачевщина, будет такая раскачка, какой Россия еще никогда не переживала. Дело не в том, что говорят или делают там или здесь господа, которым кажется, что они творят историю. Дело в столкновении двух классов, двух интересов, двух культур, двух миропонимании, двух моралей. Но кто хватается за венец господства? Идет Хам, и грозит пожрать нашу культуру.

Елисавета сказала укоризненно:

— Что за слово — хам!

Петр усмехнулся нервно и досадливо, и спросил:

— Не нравится?

— Не нравится, — спокойно сказала Елисавета.

С привычным подчинением мыслям и настроениям старшей сестры Елена сказала:

— Грубое слово. Осадок бессильного крепостничества в нем.

— Однако, нынче это слово — довольно литературное, — с неопределенною улыбкою сказал Петр. — Да и как ни назвать, дело не в слове. Мы воочию на бесчисленных примерах видим, что вдет духовный босяк, который ко всему свирепо-равнодушен, который неисправимо дик, озлоблен и пьян на несколько поколений вперед. И он все повалит, — науку, искусство, все. Вот типичный хам — этот ваш Щемилов, которому ты, Елисавета, так симпатизируешь. Фамильярный молодчик, благообразный Смердяков.

Петр пристально смотрел на Елисавету. Она сказала спокойно:

— Я нахожу, что ты к нему несправедлив. Он — хороший.

Обед кончился. Рады были. Разговор раздражал. Даже невозмутимая мисс Гаррисон несколько поспешнее всегдашнего поднялась с места. Рамеев, как всегда, ушел к себе, — на час заснуть. Молодые люди пошли в сад. Миша и Елена побежали вниз к реке. Так захотелось беззаботно бежать друг за другом, и смеяться.

— Елисавета! — позвал Петр.

Голос его нервно дрогнул. Елисавета остановилась. Старая липа быстро бросила на нее густую тень. Елисавета вопросительно поглядела на Петра, положила руки на грудь, —

вдруг от чего-то забилось сердце, — и, обнаженные так стройны были руки. Прекрасные руки, — обаяние власти, — о, если бы внезапный порыв страсти кинул их на его плечи!

— Могу я сказать тебе, Елисавета, несколько слов? — спросил Петр.

Елисавета слегка покраснела, склонила голову, и тихо сказала:

— Сядем где-нибудь.

Она пошла по дороге к беседке над обрывом. Петр молча шел за нею. Они молча поднялись по отлогим ступеням. Елисавета села, и уронила руки на низкую ограду открытой беседки. Холмистые дали широкою панорамою легли перед нею, — вид с детства знакомый и неизменно — соединенный с привычным, сладостным волнением. И уже не всматривалась она в отдельные предметы, — как музыка, разливалась перед нею природа в неистощимости переливных красок и успокоенных звуков. Петр стоял перед нею, и смотрел на ее прекрасное лицо. Склоняющийся Змей лобзал озаренное лицо Елисаветы, — пронизанное светом, ликовала расцветающая плоть.

Они молчали. Обоим было томительно неловко. Петр нервно поламывал ветки берез, растущих около беседки. Елисавета спросила:

— Что ты хочешь мне сказать?

Холодная отчужденность, почти враждебность, послышалась в звуке ее голоса. Так сказалась внутренняя тревога. Она почувствовала это, и улыбнулась ласково и робко.

— Что сказать! — тихо и нерешительно начал Петр. — То же, что и всегда. Елисавета, я люблю тебя!

Елисавета покраснела. Глаза ее сверкнули и потухли. Она встала и заговорила, волнуясь:

— Петр, зачем ты опять напрасно мучишь себя и меня? Мы так с тобою близки с детства, — но мы так расходимся! У нас разные дороги, мы по-иному думаем, иному веруем.

Петр слушал ее с выражением страстного нетерпения и досады. Елисавета хотела продолжать, но он заговорил:

— Ах, к чему это... эти слова! Елисавета, забудь в эту минуту о наших разногласиях. Они так ничтожны! Или нет, пусть они значительны. Но я хочу сказать, что политика и это все, что нас разделяет, это все только легкая накипь, мгновенная пена на широком просторе нашей жизни. В любви — вечная правда, в сладостной влюбленности — откровение вечной правды. Кто не живет в любви, кто не стремится к единению с любимым, тот мертв.

— Я люблю народ, свободу, — тихо сказала Елисавета, — моя влюбленность — восстание.

Петр, не слушая ее, продолжал:

— Ты знаешь, что я люблю тебя. Я люблю тебя давно. Вся душа моя, как светом, пронизана любовью к тебе. Я ревную тебя, — и не стыжусь сказать тебе об этом, — я ревную тебя ко всем, к этому блузнику, с которым ты злоумышляла бы, если бы у него хватило ума и смелости быть заговорщиком, — к этим полумыслям, которыми ты обольстилась, чтобы не любить меня.

И опять тихо сказала Елисавета:

— Ты укоряешь меня за то, что мне дорого, упрекаешь меня за лучшую меня, хочешь, чтобы я стала иною. Ты не меня любишь — тебя соблазняет прекрасный Зверь, мое молодое тело с улыбками и с ласками...

И опять, не дослушав ее, страстно заговорил Петр:

— Елисавета, милая, полюби меня! Ты никого еще, конечно, не любишь. Нет, не любишь? Ты не успела влюбить себя, сковать свою душу. Ты свободна, как первая невеста человека, ты прекрасна, как его последняя жена. Ты созрела для любви, — для моей любви, — ты жаждешь поцелуев и объятий, ты дрожишь от страсти, как я: — о, Елисавета, полюби, полюби меня!

— Как я могу? — сказала Елисавета.

— Елисавета, любовь — заповедь! — воскликнул Петр. — Надо хотеть полюбить. Только пойми, как я тебя люблю, — и уже ты меня полюбишь. Моя любовь должна зажечь в тебе ответную любовь.

— Друг мой, ты не любишь ничего из того, что мое, — возразила Елисавета, — ты не любишь меня. Я не верю, — прости, — не понимаю твоей любви.

Петр мрачно нахмурился, и угрюмо сказал:

— Ты обольщена лживым, пустым словом — свобода. Над смыслом его ты никогда не думала.

— Я мало еще о чем успела думать, — спокойно возразила Елисавета. — Но чувство свободы мне ближе всего. Я не сумею передать его тебе словами, — я знаю, что на земле мы скованы железными узами необходимости и причин, — но стихия моей души — свобода, — пламенная стихия, и в ее огне сгорают цепи земных зависимостей. Я знаю, что мы, люди, на земле всегда будем слабы, бедны, одиноки, — но когда мы пройдем через очищающее пламя великого костра, нам откроется новая земля и новое небо, — и в великом и свободном единении мы утвердим нашу последнюю свободу. Все это я говорю сбивчиво, плохо, — я не умею сказать ясно того, что знаю, — но оставим, пожалуйста, оставим этот разговор.

Елисавета поспешно вышла из беседки, Петр медленно пошел за нею. Лицо его было печально, и глаза его ярко горели, — но слева не рождались, — бессильная поникла мысль. Вдруг он встрепенулся, поднял голову, улыбнулся, догнал Елисавету.

— Ты любишь меня, Елисавета, — сказал он уверенно и радостно, — ты любишь меня, хотя и не хочешь сказать этого. Ты говоришь неправду, когда уверяешь, что не понимаешь моей любви. Ты знаешь мою любовь, ты веришь в нее, — скажи, разве можно поверить в то, что тебя любят, и не полюбить?

Елисавета остановилась. Глаза ее зажглись странною радостью.

— Еще раз говорю, — сказала она спокойно и решительно, — ты любишь не меня, — ты любишь Первую Невесту. А я ухожу от тебя.

Петр стоял, бессильный, бледный, тусклый, и смотрел за нею. Между кустами колыхалось солнечно-желтое платье на матовом небе догоравшей зари. Елисавета уходила от узко пылающих огней старозаветной жизни к великим прельщениям и соблазнам, к буйному дерзновению возникающего.

ГЛАВА ПЯТАЯ

Петр и Елисавета сошли вниз к реке, туда, где была пристань для лодок. Две лодки казались покачивающимися на воде, хотя было совсем тихо, и вода стояла гладкая и зеркальная. Поодаль, за кустами, виднелся парусиновый верх купальни. Елена, Миша и мисс Гаррисон были уже здесь. Они сидели на скамейке, на площадке в полугоре, где дорожка к пристани переламывалась. Открывался с этого места успокоенный вид на излучину тихой реки. Вечерела, тяжелела вода, тусклым свинцом наливалась.

Миша и Елена набегались, раскраснелись, никак не могли погасить резвых улыбок. Англичанка спокойно смотрела на реку, и ничто не шокировало ее в вечереющей природе и в успокоенной воде. Но вот пришли двое, внесли свое напряженное волнение, свою неловкость, свою смуту, — и опять завязался нескончаемый спор.

Встали с этой скамейки, где так далеко было видно, и откуда все видимое являлось спокойным и мирным. Перешли вниз, к самому берегу. А вода все-таки была тихая и гладкая. И взволнованные слова неспокойных людей не колыхали ее широкой пелены. Миша выбирал плоские каменные плитки, и бросал их вдаль, чтобы они, касаясь воды, отскакивали. Делал это по привычке. Спор волновал его. Руки его дрожали, камешки плохо рикошетировали, — досадно было, но он старался скрыть досаду, пытался казаться веселым. Елисавета сказала:

— Миша, кто лучше бросит, — давай на пятачок. Стали играть. Миша проигрывал.

Из-за изгиба берега, от города, показалась лодка. Петр всмотрелся, и сказал досадливо:

— Господин Щемилов опять припожаловал, наш сознательный рабочий, российский социал-демократ.

Елисавета улыбалась. Спросила с ласковым укором:

— За что ты его так не любишь?

— Нет, ты мне скажи, — воскликнул Петр, — почему эта партия — российская, а не русская? Зачем такая высокопарность?

Елисавета спокойно ответила:

— Российская, конечно, а не только русская, потому что в нее может войти не только русский, но и латыш, и армянин, и еврей, и всякий гражданин России. Мне кажется, это очень понятно.

25

— А мне непонятно, — упрямо сказал Петр. — Я вижу в этом только балаган, совсем ненужный.

Меж тем лодка приблизилась. В ней сидели двое. На веслах — Алексей Макарович Щемилов, молодой рабочий, слесарь, в синей блузе и мягкой серой шляпе, невысокий, худощавый, с ироническим складом губ. Елисавета была знакома со Щемиловым с прошлой осени. Тогда же она сошлась и с некоторыми другими рабочими и партийными деятелями.

Щемилов причалил к пристани, и ловко выпрыгнул из лодки. Петр сказал насмешливо, кланяясь с преувеличенною любезностью:

— Пролетарию всех стран мое почтение.

Щемилов спокойно ответил:

— Господину студенту нижайшее.

Он поздоровался со всеми, и сказал, обращаясь преимущественно к Елисавете:

— Вашу собственность вам прикатил. Едва ее у меня не сперли. Наши слободские о священном праве собственности имеют свои особые понятия.

Петр закипал досадою. Самый вид молодого блузника раздражал его, слова и повадки Щемилова казались Петру нахальными. Петр сказал резко:

— По вашим понятиям, насколько я понимаю, священны не права, а грубое завладение.

Щемилов свистнул, и сказал:

— Таково, батенька, и есть происхождение всякой собственности, — грубо завладел, да и баста. Блаженны обладающие, — поговорочка, сложенная грубо завладевшими.

— Это вы откуда же нахватались? — насмешливо спросил Петр.

— Крупицы мудрости падают и к нам от стола богатых, — в тон ему ответил Щемилов, — ими мы по малости и питаемся.

В лодке оставался еще один молодой человек, тоже, по-видимому, рабочий. Это был робкий на вид, худой, молчаливый юноша с горящими глазами. Он сидел, держался за тесемки руля, и опасливо поглядывал на берег. Щемилов глянул на него насмешливо и любовно, и позвал его.

— Ползи сюда, Кирилл, не бойся, — здесь все народ собрался весьма благодушный, и до нашего брата очень охочий.

Петр сердито промычал что-то. Миша улыбался. Он ждал нового человека, хотя и боялся немирных споров. Кирилл неловко вылез из лодки, неловко стал на песке, понурив голову и расставив ноги, и, чтобы скрыть мучившее его ощущение

26

неловкости, стал улыбаться. Петру было досадно. Он сказал, стараясь говорить любезно:

— Сядьте, пожалуйста.

Кирилл ответил искусственным басом:

— Сижен достаточно.

Продолжая улыбаться, сел, однако, на край скамьи, и чуть не упал, — растопырил руки, мазнул Елисавету, рассердился на себя, покраснел, сел подальше от края, и сказал:

— Сидел два месяца, административно.

И всем были понятны эти странные слова. Петр спросил:

— За что же?

Кирилл поежился. Сказал неловко в угрюмо:

— У нас на этот счет просто, — чуть что, сейчас самые смертоносные меры.

Тем временем Щемилов тихо сказал Елисавете:

— Славный паренек. С вами, товарищ, хочет познакомиться.

Елисавета молча наклонила голову, улыбнулась приветливо Кириллу, и пожала ему руку. Он расцвел.

Пришел Рамеев. Он поздоровался с гостями любезно и холодно. Было впечатление нарочной корректности, может быть, и ненужной. Разговор продолжался несколько неловко. Синие глаза Елисаветы нежно и задумчиво смотрели на раздраженного Петра и на холодно-враждебного ему Щемилова.

Петр спросил:

— Господин Щемилов, не пожелаете ли вы объяснить мне, почему идет речь о самодержавии пролетариата? Что же, вы, значит, признаете самодержавие, только хотите его перенести в другой центр? В чем же здесь шаг вперед?

Щемилов просто и спокойно ответил:

— Вы, господа собственники, нам ничего не хотите дать, ни золотника власти и обладания, ну, так что же нам делать.

— А ваши ближайшие цели? — спокойно спросил Рамеев.

— Ближайшая или дальнейшая, что там! — ответил Щемилов. — У нас цель одна: обобществление орудий производства.

— А земля? — звенящим выкриком спросил Петр.

— И землю рассматриваем, как орудие производства, — сказал Щемилов.

— Вы воображаете, что земли бесконечно много в России? — со злобною насмешливостью спросил Петр.

— Не бесконечно, ну, а все ж-таки на теперешнее население хватит, да и с избытком, — спокойно возразил Щемилов.

27

— По десяти, по сто десятин на душу? — издевающимся голосом выкрикивал Петр. — Так, что ли? Втолковали это мужикам, они и волнуются.

Щемилов опять посвистал, и сказал с презрительным спокойствием:

— Ерунда, почтеннейший, — мужик не столь глуп. А впрочем, позвольте спросить, что мешало противной стороне втолковывать мужику правильные мысли?

Петр сердито встал, и быстро ушел, никому не сказав ни слова. Рамеев спокойно посмотрел вслед ему, и сказал Щемилову:

— Петр слишком любит культуру, или, точнее, цивилизацию, чтобы ценить свободу. Вы слишком настаиваете на вашем классовом интересе, и потому свобода вас не так манит. Но мы, русские конституционалисты, на себе вынесем борьбу за свободу.

Щемилов слушал его, стараясь сдержать ироническую усмешку. Он сказал:

— Да, мы с вами не сойдемся. Вам надо моцион на вольном воздухе делать, а нам еще жрать хочется, — не сыты.

Рамеев помолчал, и тихо сказал:

— Меня ужасает это одичание. Убийства, убийства без конца.

— Что делать! — усмехаясь, отвечал Щемилов. — Вам, небось, хотелось бы карманной, складной свободы для домашнего употребления.

Рамеев, с нескрываемым желанием прекратить разговор, встал, улыбаясь, протянул руку Щемилову, и сказал:

— Должен вас оставить.

Миша пошел было за ним, потом раздумал, побежал к реке, около купальни достал свою удочку, и влез в воду по колена. Давно уже он привык убегать к речке, когда печали или радости волновали его, или когда надобно было хорошенько подумать о чем-нибудь. Он был мальчик застенчивый и самолюбивый, и любил быть один со своими мыслями и мечтами. Холод воды, струящейся около ног, успокаивал его, и отгонял всю злость. Здесь, в воде, стоя с голыми ногами, он становился кротким и спокойным.

Скоро сюда же пришла и Елена. Она стояла на берегу, и молча смотрела на воду. Почему-то ей было грустно, и хотелось плакать.

Вода в реке тихо и успокоение плескалась. Гладкая была вся поверхность, — так и шла.

Елисавета с легким неудовольствием глянула на Щемилова.

— Зачем вы так резки, Алексей? — сказала она.

— А вам не нравится, товарищ? — ответил вопросом Щемилов.

— Нет, не нравится, — решительно и просто сказала Елисавета.

Щемилов помолчал, призадумался, сказал:

— Слишком широкая бездна между нами и вашим братом. И даже между нами и вашим отцом. Трудно сговориться. Их интерес, — вы же это хорошо понимаете, — лепить пирамиду из людей; наш интерес — пирамиду эту самую по земле ровным слоем рассыпать. Так-то, товарищ Елизавета.

Елисавета досадливо поправила:

— Елисавета. Сколько уже раз я вам говорила.

Щемилов усмехнулся.

— Барские затеи, товарищ Елизавета. А впрочем, в этом ваша воля, — хоть и трудненько выговаривать. По-нашему Лизавета.

Кирилл жаловался на свои неудачи, на полицейских, на сыщиков, на патриотов. Нудные были жалобы, старые, скучные. Был арестован, лишился работы. Видно, намучился. Голодный блеск дрожал в глазах. Кирилл жаловался:

— От полиции пришлось-таки мне потерпеть. Да и свои...

Помолчал угрюмо, и продолжал:

— У нас на заводе на каждом шагу обращение самое унизительное. Одни обыски чего стоят.

Опять помолчал. Опять жаловался:

— В душу залезают. Частный разговор... Ни перед чем не останавливаются.

Он говорил про голодовку, про больную старуху. Все это было очень трогательно, но от частого повторения казалось истертым, и жалость была словно вытоптана, а сам Кирилл казался материалом, тем человеком толпы, настроение которого должно быть использовано в интересах политического момента.

Щемилов сказал:

— Черносотенцы организуются. Очень этим господин Жербенев занят, — наш истинно-русский человек.

— И Кербах с ним, тоже патриот, — сказал Кирилл.

— Самый вредный человек в нашем городе — Жербенев. Вот гадина опасная, — презрительно сказал Щемилов.

— Я его убью, — пылко сказал Кирилл.

Елисавета сказала:

— Чтобы убить человека, надо верить, что один человек существенно лучше или хуже другого, отличается от него не случайно, не социально, а мистически. То есть убийство утверждает неравенство.

Щемилов сказал:

— Мы к вам, Елисавета, отчасти и по делу.

— Говорите, какое дело, — спокойно сказала Елисавета.

— На днях приедут из Рубани товарищи, поговорить, и все такое, — говорил Щемилов. — Да это вы уже знаете.

— Знаю, — сказала Елисавета.

Щемилов продолжал:

— По этому самому случаю хотим устроить здесь неподалёчку массовку для городского фабричного люда. Так вот, надо вам, Елисавета, выступить наконец в качестве оратора.

— Чем же я могу быть полезна? — спросила Елисавета.

— Вы, Елисавета, хорошо излагаете, — говорил Щемилов. — У вас голос подходящий, и речь льется без запинки, и вы умеете говорить очень просто и понятно. Вам не говорить на собраниях — грех.

— Надо кадетам нос утереть, — басом сказал Кирилл.

— Вы извините, товарищ Елисавета, — сказал Щемилов, — Кирилл, может быть, и не знает, что ваш отец — кадет. Притом же он по простоте.

Кирилл покраснел.

— Я мало знаю, — застенчиво сказала Елисавета. — И как и что я стану говорить?

— Достаточно знаете, — уверенно сказал Щемилов. — Больше нас с Кириллом. Вы правильная, Елисавета. Все у вас точно и чисто выходит.

— Что же я скажу? — спросила Елисавета.

— Изобразите общую картину положения рабочих, — говорил Щемилов, — и как сам капитал на себя кует молот, заставляя рабочих съорганизоваться.

Елисавета, краснея, молча наклонила голову.

— Ну, значит, по рукам, товарищ? — спросил Щемилов.

Елисавета засмеялась.

— По рукам, товарищ! — весело сказала она.

Было весело слышать это серьезно и простодушно произносимое слово "товарищ".

ГЛАВА ШЕСТАЯ

Ночь пришла, — милая, тихая. Чары навеяла, скучный шум жизни обвила легким дымом забвения. Луна тихо встала на небе, ясная, спокойная, словно больная, но такая светлая, — и вся замкнутая в своем сиянии, для себя светлая. Она глядела на землю, в не рассеивала тумана, — точно себе одной взяла всю ясность и всю прозрачность догоревшей заря. Тишина разлилась по земле, по воде, обняла каждое дерево, каждый куст, каждую в поле былинку.

Успокоенное настроение овладело Елисаветою. Ей стало так странно, что спорили и стояли друг против друга, как враги. Отчего не любить? не отдаваться? не покоряться чужим желаниям? его желаниям? моим желаниям? Зачем шум споров и яркие слова о борьбе, об интересах? Яркие слова, но такие далекие.

Все в доме, казалось, были утомлены, — зноем? спором? тайною грустью, клонящею ко сну? к успокоению? Сестры ушли спать несколько раньше обычного. Усталость клонила их, и томная печаль. Спальни сестер были рядом. Между их спальнями была всегда открытая широкая дверь. Они слышали одна другую, — и ровное дыхание спящей сестры делало живым страшный мир ночи и сна.

Елисавета и Елена не долго разговаривали. Разошлись скоро. Елисавета разделась, подошла к зеркалу, зажгла свечу, и залюбовалась собою в холодном, мертвом, равнодушном стекле. Были жемчужны лунные отсветы на линиях ее стройного тела. Трепетны были белые, девственные груди, увенчанные двумя рубинами. Такое плотское, страстное тело пламенело и трепетало, странно белое в успокоенных светах неживой луны. Слегка изогнутые линии живота в ног были отчетливы и тонки. Кожа, натянутая на коленях, намекала на таящуюся под нею упругую энергию. И так упруги и энергичны были изгибы голеней и стоп.

Елисавета пламенела всем телом, словно огонь пронзил всю сладкую, всю чувствующую плоть, и хотела, хотела приникнуть, прильнуть, обнять. Если бы он пришел! Только днем говорит он ей мертво звенящие слова любви, разжигаемый поцелуями кромешного Змея. О, если бы он пришел ночью к тайно пламенеющему, великому Огню расцветающей Плоти!

Любит ли он? Любовью ли он любит, последнею и единою,

побеждающего вечным дыханием небесной Афродиты? Где любовь, там и великое должно быть дерзновение. Разве любовь — сладкая, кроткая и послушная? Разве она не пламенная? Роковая, она берет, когда захочет, и не ждет.

Мечты кипели, — такие нетерпеливые, жадные мечты. Если бы он пришел, — он был бы юный бог. Но он только человек, поникший перед своим кумиром, — маленький раб мелкого демона. Он не пришел, не посмел, не догадался, — темною обвеял досадою сладкое кипение Елисаветиной страсти.

Глядя на свое дивное в зеркале изображение, насмешливо думала Елисавета:

— Может быть, он молится. Слабые и надменные, — как они молятся? Им надо поучать и восторгаться, — переделать религию, и быть первыми в новой секте.

Елисавете не хотелось спать, Желание томило ее, — она не знала, чего хотела, — идти? ждать? Она вышла на балкон. Ночная приникла свежесть к ее нагому телу. Она долго стояла, — и такие теплые были и влажные доски балкона под голыми стопами. Она смотрела в отуманенную полуясность дремлющего под луною сада. Вспоминались ей подробности сегодняшней прогулки, — и все, что видели в доме Триродова, так ярко вспоминалось, почти с живостью галлюцинаций. Потом дремота подкралась, охватила. И не помнила

Елисавета, как очутилась в постели. Словно принес незримый, и уложил, и убаюкал. Она заснула.

Тревожен и томен был сон, — кошмарные обстали видения. Все телеснее, все яснее становились они.

Возникла пыльная комната. Такой душный в ней воздух, так на грудь мучительно давит. По стенам шкапы с книгами. На столах — книжки, все новенькие, тоненькие, в ярких обложках. Заглавия почему-то страшные и тяжелые. Пришел студент, длинный, тощий, длинноволосый, все волосы совсем прямые, лицо угрюмое, серое, на глазах очки. Он шепнул:

— Спрячьте.

И положил на стол связку книжек и брошюр. Кто-то сзади Елисаветы протянул руку, взял книжки, и сунул их под стол. Потом пришла курсистка, странно похожая на студента, но совсем иная, коротенькая, толстая, краснощекая, стриженая, веселая, в пенсне. Она принесла связку книг, и говорит тихо:

— Спрячьте.

Елисавета прячет книги в шкап, — и боится чего-то.

Приходили студенты, рабочие, барышни, гимназисты,

юнкера, чиновники, приказчики, — и каждый положит на стол пачку книг, шепнет:

— Спрячьте!

И скрывается. И прячет Елисавета, — в ящик стола, в шкапы, под столы, под диваны, за двери, в печку. А книги на столе все растут, — и все неотвязные шопоты:

— Спрячьте.

И некуда прятать, — а все несут, несут, несут. Книги везде, книги давят...

С чувством тоскливой тяжести в груди Елисавета проснулась. Чье-то лицо наклонилось над нею. Покрывало соскользнуло с се прекрасного тела. Елена шептала что-то. Сонным голосом Елисавета спросила:

— Я тебя разбудила?

— Ты так вскрикнула, — сказала Елена.

— Такая глупость приснилась, — шепнула Елисавета.

Она опять заснула, — и опять тот же склад. Так много книг, — даже подоконники завалены, и свет едва проникает, тусклый и пыльный. Томит зловещая тишина. За прилавком, рядом с нею, студент и два подростка стоят странно прямо: они бледны, и чего-то ждут. Вдруг дверь отворилась бесшумно. Входят, стуча сапогами, рослые люди, — полицейский, другой, сыщик в золотых очках, дворник, другой, мужик, городовой, мужик, дворник, — идут, идут, заполнили всю комнату, и все входят, громадные, угрюмые, молчаливые. Елисавете душно, — и она просыпается.

Опять засыпала Елисавета, и опять томилась кошмарными видениями, давящими, грудь, и просыпалась снова.

Снится ей, что обыскивают.

— Нелегашка! — говорит сыщик, злобно смотрит на Елисавету, и кладет на стол книжку.

И растет на столе груда нелегальных книг. Их мнут и треплют. Полицейский садится писать протокол. Перо ползет, — но бумага мала.

— Бумаги! — кричит пристав.

Исписывается лист за листом. Пристав издевается, грозит револьвером.

— Проснулась, — и опять сон.

Пришел учитель-пискун, маленький, хрупкий. За ним другой, третий, без конца, — вереницы мирных людей с мятежными воплями.

Проснулась. И опять сон.

Площадь залита ярким солнцем. Мужик стоит и горланит:

— Постоим за прижим и за Русь святую.

На его крик подходит другой мужик, третий, четвертый. Медленно и неуклонно копится ревущая толпа. Из толпы выделяется мужик со значком, в белом переднике, подходит близко, и, перекашивая рот, кричит неистово:

— За Рассею, как Егорий повелевает! Истреблю!

Он наваливается на Елисавету, и душит ее.

Проснулась.

Опять снится что-то страшное, темное. Ничего еще не видно, и не понять, и только страх разливается в черной мгле. В черной мгле темные сгущаются фигуры, тьма слегка проясняется, и зловеще-серым становится воздух. Снится двор, узкий, обставленный высокими стенами с окнами за частыми решетками. Сердце внятно шепчет:

— Тюрьма. Тюремный двор.

Из узкой двери на мглистый двор холодным, ранним утром выводят арестантов. Идут гуськом — солдат, арестант, солдат, арестант, солдат — без конца, гулко идут поперек двора. В стене калитка скрипит, отворяется. Все выходят. И уже Елисавета за стеною видит плоское, безграничное, тало-снежное поле, и ряд виселиц на поле, — бесконечный ряд уходящих вдаль виселиц. Идут, все ближе, — будут вешать.

Как случилось, не помнила, но идет в ряду и она. Перед нею — солдат, а еще впереди солдата — мальчик. Мальчик к ней спиной, но она узнала — Миша. Ужасом скован язык, — кричать бы, — не крикнешь. Ужасом скованы ноги, — бежать бы, — не двинуться. Ужасом скованы руки, — отнять бы, — висят бессильно.

Вешают впереди, и мимо повешенных идут арестанты к следующим виселицам. Вешают Мишу. Он срывается. Вешают опять, — срывается. Вешают без конца, — и он каждый раз срывается.

Видно чье-то свирепое лицо, и седая щетина подстриженных усов. Слышен злобный крик:

— Добить!

Выстрел, — незвучный, тупой удар, — мальчик падает и мечется по земле. Опять выстрел, — мальчик мечется. Выстрелы все чаще, — а он все жив.

Елисавета проснулась, — совсем проснулась. Больно и радостно бьется сердце, — да это же только сон! Только сон! И в сердце ее сияет ликующая радость...

По золотым стрелам еще тихого и кроткого Дракона, падавшим так мягко и наклонно, было видно, что еще очень рано. Где-то далеко слышался зов рога и мычание коров. Стены спальни слабо, розовели. Окна светились по-утреннему,

34

первоначальным, прельщающим светом, — день в окнах говорил, что он сложится по-новому, по-хорошему. И была влажность, веющая в открытое окно, в раннее чирикание птиц, — и вечная радость утренней природы. Было слышно, что и Елена проснулась.

Так, — возник новый день, буйный и радостный. А ночные видения?

О, мы, умирающие, тонущие в предутреннем тумане! Хриплым топотом говорящие наше последнее, наше страшное:

— Прощай!

ГЛАВА СЕДЬМАЯ

Обе сестры плохо выспались. Елисавета была истомлена кошмарами, а Елена часто просыпалась и приходила к ней. Обе чувствовали сладкое и яркое головокружение разрезанного драконовыми серпами сна. В голове бежали яркие воспоминания нестройною и пестрою вереницею. Вспоминались подробности вчерашнего посещения. Еще томное одолевало обеих смущение, — точно стыд. Но сегодня сестры понемногу одолели его. Оставаясь наедине, они разговаривали о том, что видели в дому у Триродова, и в его колонии. Странная нападала на сестер забывчивость, — понемногу забывалась обстановка, подробности тонули. Разговаривая об этом, они часто ошибались, и поправляли одна другую. Точно сон был. Да и то, — явь или сон? И где границы? Сладкий сон, горький ли сон, — о, жизнь, быстрым видением проносящаяся!

Прошло три дня. Опять стоял тихий, ясный день, и опять небесный Дракон улыбался своею злою, безумно-ярою улыбкою. Покачиваясь, отсчитывал багровые секунды и пламенные минуты, и ронял с еле слышным гулом на землю свинцово-тяжелые, но прозрачные часы. Было три часа дня, — только что миновали самые знойные, ядовито-липкие змеиные минуты. Кончился завтрак. Рамеевы и Матовы были дома. Опять был долог, нестроен и горяч спор Елисаветы с Петром, и по-прежнему безнадежен, — и разошлись, взволнованные и тоскующие, смутным беспокойством истомив уравновешенность мисс Гаррисон.

Сестры остались одни. Они вышли на нижний балкон, сидели молча, и притворялись, что читают. Они чего-то ждали. Ожиданием ускорялся подымающий грудь стук сердец.

Елисавета уронила книгу на колени и, вдруг нарушив знойное молчание, сказала:

— Мне кажется, он сегодня к нам приедет.

Повеял ветер, дрогнули гибкие ветки, какая-то пташка загомозилась, — и казалось, что тоскующий сад обрадовался торопливо промчавшимся словам, резвым, звонким.

— Кто? — спросила Елена.

И вдруг покраснела от неискренности вопроса, — знала же кто. Елисавета улыбнулась, глянула на нее, и сказала:

— Триродов, конечно. Странно, что мы его ждем.

— Но он, кажется, обещал приехать, — нерешительно сказала Елена.

— Да, — отвечала Елисавета, — он что-то говорил там, у этого странного зеркала.

— Это было раньше, — возразила Елена.

— Да, и в самом деле,— сказал Елисавета. — Я все путаю. Не понимаю, как можно так скоро забыть.

— Да я и сама путаю немало, — удивляясь самой себе, говорила Елена. — Я почему-то чувствовала большую усталость.

Мягкий шум колес по песку приближался быстро и плавно. К дому по березовой аллее, медленно, останавливаясь уже, катился легкий шарабан, влекомый лошадью в английской упряжке. Сестры встали. Они были взволнованы. Но на лицах были привычно-любезные улыбки, и руки не дрожали.

Триродов отдал вожжи Кирше. Кирша отъехал.

Первая встреча была странно-неловкою. Смущение сестер пробивалось под любезно-пустыми фразами. Прошли в гостиную. Рамеев вышел, приветствуя гостя, и оба брата Матовы. Начались взаимные приветы, — знакомство, — незначащие речи, — все, как у всех и всегда.

Петр был враждебно неловок. Он говорил отрывисто и с явною неохотою. Миша смотрел любопытными глазами. Ему Триродов понравился, — был приятен, да и раньше Миша слышал о нем нечто, обязывающее к хорошему отношению.

Разговор струился, быстрый и вежливый. О том, что сестры были у Триродова, не сказано было ни слова.

Рамеев сказал:

— Мы много о вас слышали. Рады вас видеть.

Триродов улыбался, и улыбка его казалась слегка несмешливою. Елисавета спросила:

— Вам кажется, что слова об удовольствии видеть — только фраза?

Как-то резко прозвучали эти слова. Елисавета заметила это, и покраснела. Рамеев глянул на нее с удивлением. Триродов сказал:

— Нет, я этого не думаю. Есть радость встреч.

— Так, по привычке говорят, принято, — тихо сказал Петр.

Триродов с улыбкою глянул на него, и обратился к Рамееву.

— Говорю это совершенно искренно, — я рад, что познакомился с вами. Я живу очень уединенно, и потому тем более рад счастливому случаю, — тому, что дело привело меня к вам.

— Дело? — с удивлением спросил Рамеев.

— О, только два слова, предварительно, — сказал Триродов. — Хочу расширить свое хозяйство.

С легкою печалью в звуке голоса Рамеев сказал:

— Вы купили лучшую половину Просяных Полян.

Триродов говорил:

— Она мне немного мала. Купил бы и остальное, — для моей колонии.

— Это — часть Петра и Миши, — сказал Рамеев. — Не хотелось бы продавать остальное.

— Что касается меня, — сказал Петр, — я бы с удовольствием продал, пока "товарищи" не отобрали даром.

Миша молчал, но видно было, что ему противна и неприятна мысль о продаже родной земли. Казалось, что он сейчас заплачет. Рамеев сказал:

— По-моему, продавать не надо. Я бы не советовал этого делать. Мишиной части до его совершеннолетия не продам, да и тебе, Петр, не советую.

И обрадовался Миша, благодарно глянул на Рамеева. Рамеев продолжал:

— Я лучше укажу вам другой участок. Он тоже продается, и будет вам, может быть, удобен.

Триродов поблагодарил.

Разговор перешел на его учебное заведение. Рамеев сказал:

— По этой школе вам приходится иметь дело с директором народных училищ. Как вы с ним ладите? Триродов презрительно усмехнулся.

— Да никак, — сказал он.

— Тяжелый человек этот господин с дамским голосом, — сказал Рамеев. — Холодный карьерист. Он вам постарается повредить.

Триродов спокойно ответил:

— Я привык. Мы все к этому привыкли.

— Могут закрыть школу, — насмешливо и резко сказал Петр.

— Могут и не закрыть, — возразил Триродов.

— Ну, а если? — настаивал Петр.

— Будем надеяться на лучшее, — сказал Рамеев.

Елисавета ласково глянула на отца. Триродов спокойно говорил:

— Можно закрыть школу, но довольно трудно помешать людям жить на земле и вести хозяйство. Если школа станет не только школою, но и образовательным хозяйством, то она с успехом заменит крупные хозяйства землевладельцев.

38

— Ну, это — утопия, — досадливо сказал Петр.

— Осуществим утопию, — так же спокойно возразил Триродов.

— А для начала разорим то, что есть? — спросил Петр.

— Почему? — с удивлением спросил Триродов.

Странно волнуясь, говорил Петр:

— "Товарищеский" раздел чужой земли на даровщинку поведет к страшному падению культуры и науки.

Триродов спокойно возразил:

— Не понимаю этой боязни за науку и культуру. И та, и другая достаточно сильны, и обе за себя постоят.

— Однако, — спросил Петр, — культурные памятники разрушаются довольно охотно тем хамом, который идет нам на замену.

— Культурные памятники не у нас одних погибают, — спокойно возражал Триродов. — Конечно, это печально, и надо принять меры. Но страдания народа так велики... Цена человеческой жизни больше цены культурных памятников.

И так разговор быстро, по русской привычке, перешел на общие темы. Говорил больше Триродов, спокойно и уверенно. Его слушали с большим вниманием.

Из всех пятерых только один Петр не был увлечен гостем. Враждебное чувство к Триродову все более мучило его. Он посматривал на Триродова с подозрением и с ненавистью. Его раздражал уверенный тон Триродова, его "учительная" манера говорить. Весь разговор Петра с Триродовым был рядом колкостей, и даже явных грубостей. Рамеев с плохо скрываемою досадою посматривал на Петра, но Триродов словно не замечал его выходок, и был спокоен, прост и любезен. И под конец Петр принужден был смириться и оставить резкий тон. Тогда он замолчал. Сразу же после того, как Триродов простился, Петр ушел куда-то, очевидно избегая разговора о госте.

ГЛАВА ВОСЬМАЯ

День был жаркий, душный, безветренный. Бессильно распластался он под злыми очами-стрелами свирепого Дракона. Кое-кто из горожан искал прохлады на поплавке, — так называли в Скородоже буфет на пароходной пристани. На этом поплавке под полотняным навесом было не так знойно, и порывами от воды веяло прохладою.

Петр и Миша были в городе, — что-то покупали. Зашли на поплавок и они, — выпить лимонаду. Только что пришел пароход, снизу, из большой реки, от торговых городов. Он разгружался, — выше река становилась мелка, пароходы не ходят. На поплавке стало на короткое время суетливо и шумно. За столиками сидело несколько горожан в приезжих, — чиновники, помещики. Они пили вино, и беседовали громко, но мирно, кричали по деревенской привычке, — и потому слышно было, что многие разговоры так или иначе касались политических тем.

За одним столом разговаривали двое, согласно, а все-таки яростно. Это были отставной прокурор Кербах и отставной полковник Жербенев, оба — крупные землевладельцы, патриоты, члены союза
русского народа. Речи обоих были громки и пылки. Слышались странные слова: — измена, — крамола, — перевешать, — истребить, — драть.

Николай Ильич Кербах был человек маленького роста, худенький, хилый. На бритом лице длинные, обвислые усы казались демонстративно вырощенными, — такое было на лице неожиданно-свирепое выражение. Он, небрежно развалясь, покачивался на стуле. Его широкий вестон сидел мешком, пестрый жилет был расстегнут, галстук веревочкой мотался полуразвязанный. Вообще, вид человека, не желающего стесняться. Перед ним на стуле вертелся сын, мальчишка лет восьми, слюнявый, чернозубый, с отвислою карминно-красною нижнею губою.

Андрей Лаврентьевич Жербенев, длинный, натянутый, важный, сидел прямо и неподвижно, как будто его пригвоздили, и строго посматривал вокруг. Китель, застегнутый на все пуговицы, сидел на нем, как на бронзовом идоле.

— Во всем, скажу, родители виноваты, — все тем же

свирепым голосом, как и раньше, продолжал Кербах. — Надо с детства внушать. Вот мои...

И он крикнул сыну ненужно громко, — хотя сын егозил на стуле рядом с отцом:

— Сергей!

— Сто? — откликнулся шепелявый и слюнявый мальчишка.

— Встань передо мной, и отвечай, — приказал отец.

Мальчишка сполз со стула, вытянулся молодцевато перед отцом, опять спросил:

— Сто?

И оглядел быстрым и хитрым взглядом сидевших за соседними столиками.

— Что надо делать с врагами царя и отечества? — спросил его Кербах.

— Их надо истреблять! — бойко ответил мальчишка.

— А потом? — допрашивал отец.

Мальчик быстро проговорил заученные слова:

— А потом смрадные трупы подлых врагов отечества бросать в помойку.

Кербах и Жербенев радостно хохотали.

— Вот уж именно, падаль поганая! — хриплым голосом сказал Жербенев.

За соседний столик сел и спросил себе бутылку пива неизвестный никому господин, среднего роста и средних лет, в довольно изношенном платье, дородный, вернее обрюзглый, с маленькими, сверкающими глазами. Кербах и Жербенев осмотрели его мельком, но недружелюбно. Словно предполагая в незнакомце человека противных взглядов, они усиливали пылкость своих речей, и все яростнее говорили о крамольниках, о матушке России, называли имена здешних неблагонадежных, заговорили о Триродове.

Новый человек долго присматривался к собеседникам. Очевидно было, что имя Триродова, которое стало часто повторяться в разговоре Кербаха и Жербенева, возбудило большое внимание нового человека, даже волнение. Он уставился на собеседников так, что те заметили, и переглянулись досадливо.

Наконец незнаконец вмешался в их разговор.

— Извините, — сказал он, — позвольте спросить, изволите вы упоминать господина Триродова, если я не ошибаюсь?

— Вы, милостивый государь... — начал Кербах.

Новый человек тотчас же вскочил, и принялся кланяться.

— Простите великодушно мое невежливое любопытство? — Я — Остров, артист, трагик. Изволили слышать?

— Первый раз, — угрюмо сказал Кербах.

— Никогда не слышал, — сказал Жербенев. Незнакомец приятно улыбнулся, словно услышал похвалу, и, не обнаруживая ни малейшего смущения, продолжал:

— Как же-с, во многих городах играл. Проездом здесь. Еду по своим делам в Рубанскую губернию. И вот сейчас вы изволили упомянуть одну фамилию, очень мне знакомую.

Кербах и Жербенев переглянулись. Дурные мысли о Триродове опять зароились в их головах. Остров продолжал:

— Я не подозревал, что Триродов живет здесь. Он — мой давнишний и близкий знакомый. Приятели, можно сказать.

— Так-с, — строго сказал Жербенев, неодобрительно посматривая на Острова.

Что-то в тоне голоса и в манерах Острова скоро вооружило против него собеседников. Несомненно, что взор его был нахален. Во всем его поведении и в словах его было что-то раздражающее, дерзкое. Но нельзя было ни к чему придраться. Слова были корректны в достаточной мере.

— Мы уже несколько лет не встречались, — говорил Остров. — Ну, и как же он здесь живет.

— Да, господин Триродов, по-видимому, богат, — неохотно сказал Кербах.

— Богат? Очень это приятно. Богатство это самое у господина Триродова не весьма давнего происхождения. Это мне доподлинно известно. Недавнего-с происхождения, — повторил Остров, хитро подмигивая.

— И не весьма чистого? — спросил Кербах. Он подмигнул Жербеневу. Тот крякнул и насупился. Остров осторожно глянул на Кербаха.

— Почему вы так полагаете? — спросил он. — Нет-с, этого я бы не сказал. Вполне чисто. Вот уж именно можно сказать, что чисто, — повторил он с особенным выражением.

Миша с любопытством смотрел на разговаривающих. Хотелось услышать что-то о Триродове. Но Петр поспешно расплатился и встал. Кербах задержал было его.

— Вот приятель вашего приятеля Триродова, — сказал он.

— Я еще не успел подружиться с Триродовым, — резко ответил Петр, — да и не собираюсь, а что до его приятелей, так у каждого бывают более или менее странные знакомства.

И ушел вместе с Мишею. Остров, ухмыляясь, посмотрел вслед за ними, и сказал:

— Серьезный молодой человек.

— Их с братом земельку изволил приобрести господин Триродов, — пояснил Кербах.

Неприязнь Петра Матова к Триродову коренилась в том, по-видимому, случайном обстоятельстве, что Триродов купил дом и часть имения Просяные Поляны, которое принадлежало прежде Матову-отцу.

Многие в городе Скородоже хорошо еще помнили Дмитрия Александровича Матова, отца Петра и Михаила Матовых. Он был один срок членом уездной земской управы. Второй раз его не выбрали. Он не сумел скрыть своих отношений и своих дел, — и репутация его погибла, хотя дело обошлось без скандала: времена еще были тихие. Во время своей земской службы он более часто, чем надо, бывал у губернатора.

В это же время председатель земской управы по чьему-то доносу был выслан административным порядком в Олонецкую губернию. О Матове ходили темные слухи. При вторичных выборах несколько голосов было за него подано, — но мало. Уже он не попал в земскую управу.

Денежные дела Дмитрия Александровича Матова были плохи. Он вел жизнь рассеянную, кутил, скитался по свету. Смелый, своевольный, необузданный, он жил только в свое удовольствие. Ему не раз случалось прокутиться и остаться без гроша. Вдруг неизвестно откуда опять появлялись средства, и опять он кутил, веселился, вел разгульную жизнь. Имение было заложено и перезаложено. Отношения к крестьянам установились ужасные. Чересполосица и придирчивость Матова вели к постоянным ссорам. Тянулась обычная тяжелая канитель, — потравы, загон скота, поджоги, тюрьма.

Просяные Поляны постоянно переходили от периода богатства и расточительности в полосу полного безденежья и оскудения. Это было, оттого что Матов счастливо получил несколько наследств. Говорили, что не только счастье везло ему, — говорили о подделанных завещаниях, задушенных тетках, отравленных детях. Какие-то темные авантюры то обогащали, то разоряли Матова, — азартная, не всегда чистая игра, — фантастические концессии...

В дни оскудения затейливые постройки в имении не ремонтировались, скот убывал, хлеб сбывали спешно и дешево, лес за бесценок продавался на-сруб, рабочие не могли добиться уплаты зажитых денег. Зато в веселые дни, после смерти какого-нибудь родственника, в имении все оживало. Являлись артели плотников, каменщиков, кровельщиков, маляров. Энергично и быстро осуществлялись фантастические затеи. Деньги тратились щедро, без расчета.

Дмитрию Александровичу Матову было уже более сорока лет, и за плечами его тяготело много темных и безумных деяний, когда он женился, неожиданно для всех и даже, кажется, для себя самого, на молодой девице с хорошим состоянием и с темным прошлым. Говорили, что она была любовницею какого-то сановника, надоела ему, но сохранила связи и приобрела капитал. Она была бы очень красива, если бы странное пятно, как будто от обжога, на левой щеке не безобразило ее. Это пятно бросалось в глаза, и совершенно заслоняло все красоты ее лица.

Между супругами скоро возникла жестокая вражда, никто не знал из-за чего. Сплетничали так: он обманулся в своих ожиданиях, узнала о его любовницах, кутежах, темных слухах про наследства. Ссоры учащались. Нередко Матов уезжал, и всегда внезапно. Однажды он забрал все ценное, и скрылся, а жене оставил заложенное имение, долги, и двух сыновей. Сначала доходили о нем кое-какие слухи. Говорили, что видели его, кто в Одессе, кто в Маньчжурии. Потом и слухов о нем не было.

Пришло неожиданно известие о его погибели в дальнем южном городе. Причины смерти остались нераскрытыми. Даже тело его не было найдено. Выяснилось только, что его заманили в пустой, необитаемый дом, — и там следы его были потеряны. Вдова Матова скоро умерла от случайной острой болезни. Сыновья остались я доме Рамеева, их опекуна.

— Агитатор и крамольник, — резко сказал Жербенев.

Остров улыбался и говорил:

— А все-таки я должен заступиться за моего приятеля. Нет ли здесь, — извините, — патриотической клеветы? Из самых, конечно, благородных побуждений!

— Клеветами не занимаюсь, — сухо сказал Жербенев.

— Извините. Однако, не смею задерживать. Очень благодарен за любезную беседу и за интересные сведения.

Остров ушел. Кербах и Жербенев тихо говорили о нем.

— Какая у него наружность! совершенно зверский взгляд.

— Да, субъект! Не желал бы я с ним встретиться где-нибудь в лесу.

Хороши приятели у нашего поэта и доктора химии!

ГЛАВА ДЕВЯТАЯ

Елисавета и Елена опять шли по тропинке близ дороги между Просяными Полянами и имением Рамеева. Радовало сестер, что все тихо вокруг и пустынно, и шумная людская жизнь казалась такою далекою от этих мест. Такою далекою, что в некий мечтательный рай претворялась земная долина, и райскою рощею являлся наивно-веселый лес бедной и грешной земли. Далекою, казалась жизнь со всем ее суетливым бытом, и радостно было сестрам отрешаться от ее условностей и приличий, и по мягкой идти земле, по пескам, глинам в травам обнаженными стопами, веселя сердце детскою невинною радостью простой, непорочной жизни.

Обе сестры были одеты одинаково, — короткие платья с высоко поднятым поясом, с перекрещенными на груди запашными полами, в с короткими у плеч рукавами.

Они шли все дальше, веселыми, влюбленными всматриваясь глазами в полузамкнутые дали долин, лесов и перелесков. Простодушная влюбленность в эту милую природу владела ими, — сладкая, нежная влюбленность! Она зачиналась в Елисавете, в ждала для себя только объединяющего предмета, лика, чтобы поставить его в пересечении всех земных и небесных путей, и поклониться ему.

Сладкая, нежная влюбленность! Она бродила и в Елене вешним девическим хмелем, и уже была влюблена Елена. Не в кого-нибудь, а вообще. Как влюблен воздух по весне, радостно целующий всех. Как влюблены струи потока, покорно лобзающие розовые колени отроков в дев, — струи этой маленькой речки, впадающей в Скородень, и извивающейся в зеленых берегах перед сестрами.

Мост был далек. Сестры перешли речку в брод. Так сладко плеснули холодные струйки под коленки. Сестры постояли на берегу, полюбовались на ежи зеленых оползней, обросшие травою, на обточенные водою гладкие камешки на песке. Еще долго оставалось в похолодевших ногах ощущение влюбленных лобзаний.

Как влюбляются эти струйки во всякую красоту, которая в них окунется, так влюблялась Елена во все милое, что представало ее очам.

Чаще всего ее влюбленность направлялась на Петра. Его любовь к Елисавете сладко и больно ранила Елену.

Сестры спустились в овраг около Триродовской колонии,

поднялись, прошли уже знакомою тропинкою, открыли калитку, — на этот раз она легко поддалась их рукам, — и вошли. Скоро перед ними открылось озеро. Там плавали дети и учительницы. Такая веселая была в веселой и звучной воде нагота загорелых тел, и веселы были брызги, и смех, и крики!

Дети и учительницы выходили на берег, бегали по песку нагие. Голые, загорелые, но все же на зелени белые ноги были, как вырастающие из земли стволики березок.

Сестер увидели, окружили их буйною радостью нагих, влажных и прекрасных тел, и закружились в неистовом хороводе. Такою чуждою и ненужною вдруг сестрам показалась сброшенная на берег одежда, — эти грубые ткани, это грубое плетение! Что краше и милее тебя, милое, вечное тело!

Потом сестры узнали, что здесь чаще бывают нагими, чем в одежде.

Светло-опечаленная Надежда сказала сестрам:

— Усыпить зверя и разбудить человека, — вот для чего здесь ваша нагота.

И смуглая, черноволосая, горящая восторгом Мария говорила:

— Мы сняли обувь с ног, и к родной приникли земле, и стали веселы и просты, как люди в первом саду. И тогда мы сбросили наши одежды, и к родным приникли стихиям. Обласканные ими, облелеянные огнем лучей нашего прекрасного солнца, мы нашли в себе человека. Это — ни грубый зверь, жаждущий крови, ни расчетливый горожанин, это — чистою плотью и любовью живущий человек.

Такою законною, необходимою и неизбежною являлась здесь нагота прекрасных и юных тел, что неохотно потом надета была скучная одежда. Но еще долго сестры кружились нагие, и входили в воду, и лежали на траве в тени. Приятно было чувствовать красоту, гибкость и ловкость своих тел в этом окружении тел нагих, сильных и стройных.

Для наблюдательного взгляда Елисаветы эти обнаженные, веселые девушки-учительницы легко различались на два типа. Одни были восторженные, другие лицемерные.

Восторженные воспитательницы Триродовской колонии с вакхическим упоением отдавались жизни, брошенной в объятия непорочной природы, ревностно исполняли весь обряд, установленный в колонии, радостно совлекали с себя стыд и страх, поднимали труды, подвергались лишениям, и смеялись, и пламенели, и страстною томились жаждою подвига и любви, жаждою, которую не утолят воды этой бедной земли.

46

И были в их числе опечаленная Надежда и горящая восторгом Мария.

Другие лицемерные были девушки, которые продали свое время и поступились своими привычками, склонностями и приличностями за деньги. Они притворялись, что любят детей, простую жизнь и телесную красоту. Притворяться им было не трудно, потому что другие были им верными образцами.

Сегодня сестер провели и в здание колонии. Показали все, что успели показать в один час: вещи, сделанные детьми, — книги и картины, — предметы, принадлежащие тому или другому из детей. Показали сад с фруктовыми деревьями, с грядами и с клумбами, с пчелиным гудением, с медвяным запахом цветов и с нежною мягкостью густых трав.

Но уже торопились сестры, и скоро ушли.

Они хотели идти домой, но как-то запутались в дорожках, в вышли к дому Триродова. Увидела Елисавета над белою стеною высокие башни, вспомнила некрасивое и немолодое лицо Триродова, и сладкая влюбленность, как острое опьянение, жутко охватила ее.

Незаметно подошли совсем близко к усадьбе Триродова. Идти бы им домой. Нет, остановились под белою стеною, у тяжелых запертых ворот. Калитка была приоткрыта. Кто-то тихий и белый смотрел в ее отверстие на сестер зовущим взглядом. Сестры нерешительно переглянулись.

— Войдем, Веточка? — тихо спросила Елена.

— Войдем, — сказала Елисавета.

Сестры вошли, — и попали прямо в сад. У входа они встретили старую Еликониду. Она сидела на скамье близ калитки, и говорила что-то неторопливо и невнятно. Не видно было, кто ее слушал. Может быть, сама с собою говорила старая.

Старая Еликонида прежде нянчила Киршу. Теперь она исполняла обязанности экономки. Она всегда была угрюма, и в разговорах с людьми не любила тратить лишних слов. Сестры попытались было поговорить с нею, спросить ее кое о чем, — о порядках в доме, о привычках Триродова, — любопытные девушки! Больше спрашивала Елена. Елисавета даже унимала ее. Да все равно, ничего не удалось узнать. Старуха смотрела мимо сестер, и бормотала в ответ на все вопросы:

— Я знаю, что знаю. Я видела, что видела.

Подошли тихие дети. Под тенью старых деревьев стояли они неподвижно, как неживые, и смотрели на сестер безвыразительным, прямым взором. Жутко стало сестрам и они поспешили уйти. Вслед им слышалось угрюмое бормотание Еликониды:

— Я видела, что видела.

И тихим-тихим смехом засмеялись тихие дети, словно зашелестела, осыпаясь, листва по осени.

Молча шли сестры домой. Теперь они вспомнили дорогу и уже не сбивались. Вечерело. Сестры торопились. Влажная и теплая липла к их ногам земля, точно мешала идти скоро.

Уже сестры были недалеко от своего дома, как вдруг в лесу встретили Острова. Казалось, что он ходит и что-то высматривает. Завидевши сестер, он метнулся в сторону, постоял за деревьями, и вдруг быстро и неожиданно подошел к сестрам, так неожиданно, что Елена вздрогнула, а Елисавета гневно нахмурила брови. Остров поклонился с насмешливою вежливостью, и заговорил:

— Могу я вас спросить кое о чем, прелестные девицы?

Елисавета спокойно поглядела на него, и неторопливо сказала:

— Спросите.

Елена пугливо молчала.

— Гуляете? — опять спросил Остров. И опять ответила Елисавета коротким:

— Да.

И опять промолчала Елена. Остров сказал полувопросительно:

— Близко здесь дом господина Триродова, если не ошибаюсь.

— Да близко. Вот по той дороге, откуда мы пришли, — сказала Елена.

Ей захотелось победить свой страх. Остров прищурился, подмигнул ей нахально, и сказал:

— Благодарим покорно. А вы сами кто же будете?

— Может быть, вам не очень необходимо знать это? — полувопросом ответила Елисавета.

Остров захохотал, и сказал с неприятною развязностью:

— Не то, что необходимо, а очень любопытно.

Сестры шли торопливо, но он не отставал. Неприятен был он сестрам, Было что-то пугающее в его навязчивости.

— Так вот, милые девицы, — продолжал Остров, — вы, по-видимому, здешние, так уж дозвольте вас поспрошать, что вы знаете о господине Триродове, которым я весьма интересуюсь.

Елена засмеялась, может быть несколько притворно, чтобы скрыть смущение и боязнь.

— Мы, может быть, и не здешние, — сказала она.

Остров засвистал.

— Едва ли, — крикнул он, — не из Москвы же вы сюда припожаловали босыми ножками.

Елисавета холодно сказала:

— Мы не можем сообщить вам ничего интересного. Вы бы к нему самому обратились. Это было бы правильнее.

Остров опять захохотал саркастически, и воскликнул:

— Правильно, что и говорить, прелестная босоножка. Ну, а если он сам очень занят, а? Как тогда прикажете поступить для получения интересующих меня сведений?

Сестры молчали, и шли все быстрее. Остров спрашивал:

— А вы не из его колонии? Если не ошибаюсь, вы — тамошние учительницы. Насколько можно судить по вашим легким платьицам и по презрению к обуви, думаю, что я не ошибаюсь. Ась? Скажите, занятно там жить?

— Нет, — сказала Елисавета, — мы не учительницы, и мы не живем в этой колонии.

— Жаль-с! — с видом недоверчивости сказал Остров. — А я бы мог порассказать кое-что о господине Триродове.

Остров внимательно посмотрел на сестер. Они молчали. Он продолжал:

— Я-таки пособрал кое-какие сведения, и здесь, и в иных прочих местах. Любопытные вещи рассказывают, очень-с любопытные. И откуда у него деньги? Вообще, очень много подозрительного.

— Кому подозрительно? — спросила Елена. — И нам-то что за дело?

— Что за дело вам-то, малые красотки? — переспросил Остров. — Я имею основательное подозрение, что вы знакомы с господином Триродовым, а потому и надеюсь, что вы мне о нем порасскажете.

— Лучше не надейтесь, — сказала Елисавета.

— Разве? — развязным тоном возразил Остров. — А я его знаю давненько. В былые годы живали вместе, пивали, кучивали. И вдруг потерял я его из виду, а теперь вдруг опять нашел. Вот и любопытствую. Друзьями были!

— Послушайте, — сказала Елисавета, — нам не хочется с вами разговаривать. Вы бы шли, куда вам надо. Мы не знаем ничего любопытного для вас, и не скажем.

Остров, нахально ухмыляясь, сказал:

— Вот как! Ну, это вы, прелестная девица, напрасно и неосторожно так выражаетесь. А ежели я вдруг свистну, а?

— Зачем? — с удивлением спросила Елисавета.

— Зачем-с? А, может быть, дожидаются и на свист выдут.

— Так что же? — спросила Елисавета.

Остров помолчал, и сказал потом, стараясь придать своему голосу пугающую внушительность:

— Попросят честью рассказать побольше подробностей о том, что господин Триродов делает за своими оградами.

— Глупости! — с досадою сказала Елисавета.

— А впрочем, я только шучу, — сказал Остров, меняя тон.

Он прислушивался. Кто-то шел навстречу. Сестры узнали Петра, и быстро пошли к нему. По их торопливости и смущению Петр понял, что этот идущий за сестрами человек неприятен им. Он всмотрелся, вспомнил, где его видел, нахмурился, и спросил у сестер:

— Кто это?

— Человек очень любопытный, — сказала Елисавета с улыбкою, — почему-то вздумал, что мы расскажем ему много интересного о Триродове.

Остров приподнял шляпу, и сказал:

— Имел честь видеть вас на поплавке.

— Ну, так что же? — резко спросил Петр.

— Так-с, имею честь напомнить, — с преувеличенною вежливостью сказал Остров.

— А здесь вы зачем? — спрашивал Петр.

— Имел удовольствие встретить этих прелестных девиц, — начал объяснять Остров.

Петр резко перебил его:

— А теперь оставьте этих девиц, моих сестер, и идите прочь отсюда.

— Почему же я не мог обратиться к этим благородным девицам с вежливым вопросом и с интересным рассказом? — спросил Остров.

Петр, ничего не отвечая ему, обратился к сестрам:

— А вы, девочки, — охота вам вступать в беседу со всяким бродягою.

На лице Острова изобразилось горькое выражение. Может быть, это была только игра, но очень искусная, — Петр смутился. Остров спросил:

— Бродяга? А что значит бродяга?

— Что значит бродяга? — повторил Петр в замешательстве. — Странный вопрос?

— Ну, да, вы изволили употребить это слово, а я интересуюсь, в каком смысле вы его теперь употребляете, применяя ко мне.

Петр, чувствуя досаду на то, что вопрос его смущает, резко сказал:

— Бродяга — это вот тот, кто шатается без крова и без денег и пристает к порядочным людям вместо того, чтобы заняться делом.

— Благодарю за разъяснение, — сказал с поклоном Остров, — денег у меня, точно, немного, и скитаться мне приходится, такая уж моя профессия.

— Какая ваша профессия? — спросил Петр.

Остров с достоинством поклонился и сказал:

— Актер!

— Сомневаюсь, — резко ответил Петр. — Вы больше на сыщика похожи.

— Ошибаетесь, — смущенно сказал Остров.

Петр отвернулся от него.

— Пойдемте скорее домой, — сказал он сестрам.

ГЛАВА ДЕСЯТАЯ

Опять вечерело. Остров приближался к воротам усадьбы Триродова. Его лицо выдавало сильное волнение. Теперь еще яснее, чем днем, видно было, что он помят жизнью, и что он с жалкою робостью надеется на что-то, идя к Триродову. Прежде, чем Остров решился позвонить у ворот, он прошел вдоль всей длинной каменной стены, отделявшей усадьбу Триродова, и внимательно осмотрел ее, но увидел все же мало. Только высокая каменная стена, от берега до берега, была перед его глазами.

Было уже совсем темно, когда Остров остановился наконец у главных ворот. Полустертые цифры и старые геральдические эмблемы только мгновенно и неглубоко задели его внимание. Уже он взялся за медную ручку от звонка, осторожно, словно по привычке, передумывать в последнюю минуту, и вдруг вздрогнул. Звонкий детский голос за его спиною сказал тихо, но очень внятно:

— Не здесь.

Остров оглянулся по сторонам, робко и сторожко, слегка сгибаясь и втягивая голову в плечи. Поодаль тихо стоял и внимательно смотрел на него мальчик в белой одежде, синеглазый и бледный.

— Здесь не услышат. Ушли, — говорил он.

— Куда же идти? — грубым голосом спросил Остров.

Мальчик показал рукою влево, — плавный, неторопливый жест.

— Там, у калитки позвоните.

Он убежал быстро и тихо, точно его и не было. Остров пошел в ту сторону, куда показывал мальчик. Он увидел калитку, высокую, узкую. Рядом, в деревянном темном ободке белела кнопка электрического звонка, Остров позвонил, и прислушался. Где-то продребезжал торопливо и отчетливо резкий звон колокольчика. Остров ждал. Дверь не отворялась. Остров позвонил еще раз. Тихо было за дверью.

— Долго ли ждать? — проворчал Остров, и крикнул: — Эй вы, там!

Какой-то неясный звук дрогнул во влажном воздухе, словно хихикнул кто-то. Остров хватился за медную тягу калитки. Калитка легко и беззвучно открылась наружу. Остров вошел, так же осторожно осмотрелся, и нарочно оставил калитку открытою.

Он очутился на маленьком дворике, обнесенном с боков невысокими стенами. Позади него с металлическим звяканием захлопнулась калитка. Сам ли он поспешно захлопнул ее? — не помнил. Он торопился дальше, но недолго прошел, — какой-нибудь десяток шагов. Перед ним была стена вдвое выше боковых, в ней — массивная дубовая дверь, и с боку двери, ярко белела пуговка от электрического звонка. Остров опять позвонил. Пуговка от звонка была на ощупь очень холодная, точно ледяная. Такая холодная, что острое ощущение холода прошло по всему телу Острова.

Над дверью высоко было видно круглое окно, как чей-то внимательный глаз, неподвижный, тусклый, но зоркий.

Долго ли Острову пришлось там стоять и ждать, он как-то не мог дать себе отчета. Было странное ощущение, что он застыл и вышел из тесного времени. Показалось, что целые сутки пронеслись над ним, как одна минута. Лучи яркого света упали на его лицо, и погасли. Остров подумал, что это кто-то бросил на его лицо слишком яркий свет из фонаря через окошко над дверью. — Такой яркий, что глазам больно стало. Он досадливо отвернулся. Ему не хотелось, чтобы его узнали раньше, чем он войдет. Потому и пришел вечером, когда темно.

Но, очевидно, уже его узнали. Дверь распахнулась опять так же бесшумно. Он вошел в узкий короткий коридор в толстой стене. За ним был второй двор. На дворе никого не было. Дверь за Островым бесшумно затворилась.

— Сколько же тут дворов будет, в этой чертовой трущобе? — сердито проворчал Остров.

Узкая плитяная дорожка тянулась перед ним. Она было освещена лампою, горевшею вдали. Рефлектор этой лампы был направлен прямо на Острова, так что он мог видеть только под своими ногами ярко освещенные, серые, гладкие плиты. По обе стороны от дорожки было совсем темно, и не понять было, стена ли там, деревья ли. Острову не оставалось ничего иного, как только идти прямо вперед.

Но он все же потоптался, пошарил вокруг, и убедился, что по краям дорожки росли колючие кусты, насаженные очень густо. Казалось, что за ними была еще изгородь.

— Фокусы, — ворчал Остров.

Он медленно подвигался вперед, ощущая неясный и все возрастающий страх. Решившись быть настороже, он опустил левую руку в карман своих пыльных в лоснящихся на коленях брюк, нащупал там жесткое тело револьвера, и переложил его в правый карман.

На пороге дома встретил его Триродов. Лицо Триродова

ничего не выражало, кроме ясно отпечатленного на нем усилия ничего не выразить. Он сказал холодно и неприветливо:

— Не ждал вас видеть.

— Да, а вот я все-таки пришел, — сказал Остров. — Хотите не хотите, а принимайте дорогого гостя.

В голосе его звучал насмешливый вызов. Глаза глядели с преувеличенною наглостью. Триродов слегка сдвинул брови, глянул прямо в глаза Острова, и они забегали по сторонам.

— Войдите, — сказал Триродов. — Отчего вы не написали мне раньше, что хотите меня видеть?

— А откуда же мне было знать, что вы здесь? — грубо пробормотал Остров.

— Однако узнали, — с досадливою усмешкою сказал Триродов.

— Случайно узнал, — говорил Остров, — на пароходной пристани. Был разговор. Впрочем, вам это не интересно знать. Он усмехнулся с намекающим выражением. Триродов сказал:

— Войдите же. Идите за мною.

Они пошли вверх по лестнице, узкой, очень пологой, с широкими и невысокими ступенями в частыми поворотами в разные стороны, под разными углами, с длинными площадками между маршей, — и на каждую площадку выходила какая-нибудь запертая плотно дверь. Ясный и неподвижный был свет. Холодная веселость и злость, неподвижная, полускрытая ирония были в блеске раскаленных добела проволочек, изогнутых в стеклянных грушах.

— Да и нет, — вот наш свет и ответ, — говорил их неподвижный блеск.

Кто-то легкий и осторожный шел сзади очень тихо. Слышалось легкое щелканье выключателей, — пройденные повороты погружались во мрак.

Наконец лестница кончилась. Длинным коридором прошли в обширную, мрачную комнату. Буфет у стены, стол посередине, по стенам поставцы с резною посудою, — это были приметы столовой.

— Это вы правильно, — проворчал Остров. — Накормить не мешает.

Свет распределялся странно, — половина комнаты и половина стола были в тени. Два мальчика в белых одеждах подали на стол. Остров подмигивал нагло.

Но они смотрели так спокойно, и так просто ушли. Триродов поместился в темной части комнаты. Остров сел у стола. Триродов спросил:

— Что же вам от меня надо?

— Вопрос деловой, — ответил Остров, хрипло смеясь, — очень деловой. Не столько любезный, сколько деловой. Что надо? Прежде всего, приятно мне вас увидеть. Все же, в некотором роде, узы связывают, детство, и прочее.

— Очень рад, — сухо сказал Триродов.

— Сомневаюсь, — нагло возразил Остров. — Ну-с, и затем, почтеннейший, мне еще кое-что надо. Именно вот вы угадали, что надо. Всегда были психологом.

— Чего же? — спросил Триродов.

— Сами не догадаетесь? — подмигивая, спросил Остров.

— Нет, — сухо сказал Триродов.

— Тогда, нечего делать, скажу вам прямо, мне надо денег, — сказал Остров.

Он засмеялся хрипло, ненатурально, налил себе вина, выпил его жадно, и пробормотал:

— Хорошее вино.

— Всем надо денег, — холодно ответил Триродов. — Где же вы хотите их достать?

Остров завертелся на стуле. Хихикая, пожимаясь, потирая руки, он говорил:

— А вот к вам пришел. У вас, видно, денег много, у меня мало. Вывод, как пишут в газетах, напрашивается сам собою.

— Так. А если я не дам? — спросил Триродов.

Остров пронзительно свистнул, и нагло глянул на Триродова.

— Ну, почтеннейший, — сказал он грубо, — я рассчитываю, что вы не позволите себе такой самоочевидной глупости.

— Почему? — спросил Триродов, усмехаясь.

— Почему? — переспросил Остров. — Мне кажется, причины вам так же хорошо известны, как и мне, если еще не лучше, и о них нет нужды распространяться.

— Я вам ничего не должен, — тихо сказал Триродов. — И не понимаю, зачем бы я стал давать вам деньги. Все равно вы истратите их без толку, — прокутите, может быть.

— А вы тратите с большим толком? — язвительно улыбаясь, спросил Остров.

— Если и не с толком, то с расчетом, — отвечал Триродов. — Впрочем, я готов вам помочь. Только прямо скажу, что свободных денег у меня очень мало, да если бы и были, я вам все равно много не дал бы.

Остров хрипло и коротко засмеялся, и сказал решительно:

— Мало мне ни к чему. Мне надо много. Впрочем, может быть, это по-вашему будет мало?

— Сколько? — отрывисто спросил Триродов.

— Двадцать тысяч, — напряженно решительным тоном сказал Остров.

— Столько не дам, — спокойно сказал Триродов. — Да и не могу.

Остров наклонился к Триродову, и шепнул:

— Донесу.

— Так что ж? — спокойно возразил Триродов.

— Плохо будет. Уголовщина, любезнейший, да еще какая! — угрожающим голосом говорил Остров.

— Ваша, голубчик, — так же спокойно возразил Триродов.

— Я-то выкручусь, а вас влопаю, — со смехом сказал Остров.

Триродов пожал плечами, и возразил:

— Вы очень заблуждаетесь. Я не имею оснований бояться чего бы то ни было.

Остров, казалось, наглел с каждою минутою. Он свистнул и сказал издевающимся тоном:

— Скажите, пожалуйста! Точно и не убивали?

— Я? Нет, я не убивал, — отвечал Триродов.

— А кто же? — насмешливо спросил Остров.

— Он жив, — сказал Триродов.

— Ерунда! — воскликнул Остров.

И засмеялся хрипло, громко и нагло, но казался оторопевшим. Спросил:

— А эти призмочки, которые вы изволили сфабриковать? Говорят, они теперь стоят на столе в вашем кабинете.

— Стоят, — сухо сказал Триродов.

— Да говорят, что и настоящее ваше не слишком-то чисто, — сказал Остров.

— Да? — насмешливо спросил Триродов.

— Да-с, — издевающимся голосом говорил Остров. — В вашей-то колонии первое дело — крамола, второе дело — разврат, а третье дело — жестокость.

Триродов нахмурился, строго глянул на Острова, и спросил пренебрежительно:

— Букет клевет уже успели собрать?

Остров злобно говорил:

— Собрал-с. Клевет ли, нет ли, не знаю. А только все это на вас похоже. Взять хоть бы садизм этот самый. Припоминаете? Мог бы напомнить кой-какие факты из поры юных лет.

— Вы сами знаете, что говорите вздор, — спокойно возразил Триродов.

— Говорят, — продолжал Остров, — все-все это повторяется в тиши вашего убежища!

56

— Если все это так, — тихо сказал Триродов, — то вы из этого не можете извлечь никакой пользы.

Триродов смотрел спокойно. Казалось, что он далек. Голос его звучал спокойно и глухо.

Остров крикнул запальчиво:

— Вы не воображайте, что я попался в западню. Если я отсюда не выйду, то у меня уже заготовлено кое-что такое, что пошлет вас на каторгу.

— Пустяки, — спокойно сказал Триродов, — я этого не боюсь. Что вы можете мне сделать? В крайнем случае я эмигрирую.

Остров злобно захохотал.

— Нарядитесь в мантию политического выходца! — злобно воскликнул он. — Напрасно! Наша полиция, осведомляемая благомыслящими людьми, от них же первый есм аз, — но только первый! заметьте! — достанет везде. Найдут! Выдадут!

— Оттуда не выдадут, — сказал Триродов. — Это место верное, и там вы меня не достанете.

— Что же это за место, куда вы собрались? — с язвительною улыбкою спросил Остров. — Или это ваш секрет?

— Это — луна, — спокойно и просто ответил Триродов.

Остров захохотал. Триродов говорил:

— И притом Луна, созданная мною. Она стоит перед моими окнами, и готова принять меня.

Остров в бешенстве вскочил с места, топал ногами, и кричал:

— Вы вздумали издеваться надо мною! Напрасно! Меня вашими глупыми сказками не проведете. Провинциальных дурочек надувайте этими фантасмагориями. Я — старый воробей, меня на мякине не проведешь.

Триродов спокойно сказал ему:

— Напрасно вы беснуетесь. Я вам помогу. Я вам денег дам, пожалуй. Но с условием.

— Какое еще условие? — со сдержанною яростью спросил Остров.

— Вы уедете, — очень далеко, — и навсегда, — сказал Триродов.

— Ну, это еще надо подумать, — злобно сказал Остров.

Триродов с улыбкою посмотрел на него, и сказал:

— В вашем распоряжении неделя. Ровно через неделю вы придете ко мне, и получите деньги.

Остров почувствовал вдруг непонятный для него страх. Он испытывал ощущение взятого в чужую власть. Тоска томила его. Лицо Триродова исказилось жестокою усмешкою. Он сказал тихо:

— Ваша ценность такова, что я убил бы вас совсем спокойно, как змею. Но я устал и от чужих убийств.

— Моя ценность? — хрипло и нелепо бормотал Остров.

Триродов гневно говорил:

— Какая ваша цена? Наемный убийца, шпион, предатель.

Остров сказал упавшим голосом:

— Однако, вас не предал пока.

— Невыгодно, только потому не предали, — возразил Триродов. — А второе, не смеете.

— Чего же вы хотите? — смиренно спросил Остров. — Какое ваше условие? Куда мне надо ехать?

ГЛАВА ОДИННАДЦАТАЯ

Триродов оставил в Рамееве приятное впечатление. Рамеев поспешил отдать Триродову визит: поехал к нему вместе с Петром. Не хотелось Петру ехать к Триродову, но все же он не решился отказаться. По дороге Петр хмурился, но в доме Триродова старался быть очень вежлив. Принужденность была в его вежливости.

Очень скоро Миша подружился с Киршею, познакомился с другими мальчиками. Между Рамеевым и Триродовым завязывалось близкое знакомство, — настолько близкое, конечно, насколько это позволяла нелюдимость Триродова, его любовь к уединенной жизни.

Случилось однажды, что Триродов с Киршею был у Рамеевых, замедлил и остался обедать. К обеду сошлось еще несколько человек из близких к Рамееву и к молодым людям. Постарше были ка-деты, помоложе — считали себя эс-деками и эс-ерами.

Сначала говорили, много волнуясь и споря, по поводу новости, принесенной одним из молодых гостей, учителем городского училища Воронком, с.-р. Сегодня днем близ своего дома был убит полицмейстер. Убийцы скрылись.

Триродов не принимал почти никакого участия в разговоре. Елисавета смотрела на него тревожно, и желтый цвет ее платья казался цветом печали. Было очень заметно для всех, что Триродов задумчив и мрачен, как будто его томила тайная какая-то забота. В начале обеда он делал заметные усилия над собою, чтобы одолеть рассеянность и волнение. Наконец на него обратилось общее внимание. Особенно после нескольких ответов невпопад на вопросы одной из девиц.

Триродов заметил, что на него смотрят. Ему стало неловко, и досадно на себя, и это досадливое чувство помогло ему одолеть рассеянность и смущение. Он стал оживленнее, точно стряхнул с себя какой-то гнет, и вдруг разговорился. И голубою радостью поголубели тогда глубокие взоры Елисаветиных глаз.

Петр, продолжая начатый разговор, говорил со свойственным ему уверенно-пророческим выражением:

— Если бы не было этой дикой ломки при Петре, все пошло бы иначе.

Триродов слегка насмешливо улыбался.

— Ошибка, не правда ли? — спросил он. — Но уж если искать в русской истории ошибок, то не проще ли искать их еще раньше?

— Где же? при сотворении мира? — с грубою насмешливостью спросил Петр.

Триродов усмехнулся, и сказал сдержанно:

— При сотворении мира, конечно, это что и говорить. Но не заходя так далеко, для нас достаточно остановиться хоть на монгольском периоде.

— Однако, — сказал Рамеев, — вы далеконько взяли.

Триродов продолжал:

— Историческая ошибка, была в том, что Россия не сплотилась тогда с татарами.

— Мало у нас татарщины! — досадливо сказал Петр.

— Оттого и много, что не сплотились, — возразил Триродов. — Надобно было иметь смысл основать Монголо-Русскую империю.

— И перейти в магометанство? — спросил доктор Светилович, человек очень милый, но уж слишком уверенный во всем том, что несомненно.

— Нет, зачем! — отвечал Триродов. — Борис Годунов был же христианином. Да и не в этом дело. Все равно, мы и католики Западной Европы смотрели друг на друга, как на еретиков. А тогда наша империя была бы всемирною. И если бы даже нас причисляли к желтой расе, то все же эта желтая раса считалась бы благороднейшею, и желтый цвет кожи казался бы весьма элегантным.

— Вы развиваете какой-то странный... монгольский парадокс, — презрительно сказал Петр.

Триродов говорил:

— Все равно же, на нас и теперь смотрят в Европе почти как на монголов, как на расу, очень смешанную с монгольскими элементами. Говорят: поскоблите русского, — откроете татарина.

Завязался спор, который продолжался и когда вышли из-за стола.

Петр Матов во время всего обеда был сильно не в духе. Он едва находил, что говорить со своею соседкою, молодою девицею, черноглазою, черноволосою, красивою с.-д. И прекрасная с.-д., все чаще стала обращаться к сидевшему рядом с нею по другую сторону священнику Закрасину. Он примыкал к к.-д., и все же был ближе к ней по убеждениям, чем октябрист Матов.

Петру не нравилось, что Елисавета не обращает на него внимания, а смотрит на Триродова и слушает Триродова. Почему-то было ему досадно и то, что Елена иногда подолгу останавливала свой разнеженный взор тоже на Триродове. И в

60

Петре все возрастало жуткое желание наговорить неприятностей Триродову.

"Ведь он же гость", — подумал было Петр, сдерживая себя, но в ту же минуту почувствовал, что не может удержаться, что должен как-нибудь, чем бы то ни было, смутить самоуверенность Триродова. Петр подошел к Триродову и, покачиваясь перед ним на своих длинных и тонких ногах, сказал тоном, враждебность которого почти не старался скрыть:

— На-днях на пристани какой-то проходимец расспрашивал о вас. Кербах и Жербенев пили пиво и говорили глупости, а он подсел к ним, и очень вами интересовался.

— Лестно, — неохотно сказал Триродов.

— Ну, не знаю, насколько лестно, — язвительно сказал Петр. — По-моему, приятного мало. Наружность очень подозрительная, — какой-то оборванец. Хоть и уверяет, что он — актер, да что-то не похож. Говорит, что вы с ним старые друзья. Замечательный нахал!

Триродов улыбнулся. Елисавета тревожно сказала:

— Его же мы встретили на днях около вашего дома.

— Место довольно уединенное, — неопределенным тоном сказал Триродов.

Петр описал его наружность.

— Да, это — актер Остров, — сказал Триродов.

Елисавета, чувствуя странное беспокойство, сказала:

— Он, кажется, все блуждал здесь по соседству, выспрашивал и высматривал. Не замышляет ли он чего-нибудь?

— Очевидно, шпион, — презрительно сказала молодая с.-д.

Триродов, не выражая ни малейшего удивления, сказал:

— Вы думаете? Может быть. Не знаю. Я не видел его уже лет пять.

Молодая с.-д. подумала, что Триродов обиделся на нее за своего знакомого; она сказала несколько натянуто:

— Вы его хорошо знаете, тогда извините.

— Я не знаю его теперешнего положения, — сказал Триродов. — Все может быть.

— Можно ли ручаться за все случайные знакомства! — сказал Рамеев.

Триродов спросил Петра:

— Что же он говорил обо мне?

Но тон его голоса не обнаруживал особенно большого любопытства. Петр сказал, усмехаясь саркастически:

61

— Ну, говорил-то он мало, больше выспрашивал. Говорил, что вы его хорошо знаете. Впрочем, я скоро ушел.

Триродов говорил тихо:

— Да, я его знаю давно. Может быть, и недостаточно хорошо, но знаю. У меня были с ним кое-какие сношения.

— Он у вас был вчера? — спросила Елисавета.

Триродов отвечал:

— Он заходил ко мне поздно вечером. Вчера. Очень поздно. Не знаю, почему он выбрал такой поздний час. Просил помочь. Требования его были довольно велики. Я дам ему, что смогу. Он отправится дальше.

Все это было сказано отрывисто и нехотя. Ни у кого не стало охоты продолжать разговор об этом, но в это время совершенно неожиданно в разговор вмешался Кирша. Он подошел к отцу, и сказал тихим, но очень внятным голосом:

— Он нарочно пришел так поздно, когда я спал, чтобы я его не видел. Но я его помню. Когда еще я был совсем маленький, он показывал мне страшные фокусы. Теперь уж я не помню, что он делал. Помню только, что мне было очень страшно, и я плакал.

Все с удивлением смотрели на Киршу, переглядывались, и улыбались. Триродов спокойно сказал:

— Ты это во сне видел, Кирша. Мальчики в его возрасте любят фантастические сказки, — продолжал он, обращаясь опять ко взрослым. — Да и мы, — мы любим утопии. Читаем Уэльса. Самая жизнь, которую мы теперь творим, представляется сочетанием элементов реального бытия с элементами фантастическими и утопическими. Возьмите, например, хотя бы это дело...

Так прервал Триродов разговор об Острове, и перевел его на другой вопрос, из числа волновавших в то время все общество. Вскоре после того он уехал. За ним поднялись и другие.

Хозяева остались одни, и сразу почувствовали в себе осадок досады и враждебности. Рамеев упрекал Петра:

— Послушай, Петя, так, брат, нельзя. Это же негостеприимно. Ты все время так смотрел на Триродова, точно собирался послать его ко всем чертям.

Петр ответил со сдержанною угрюмостью:

— Вот именно ко всем чертям. Вы, дядя, угадали мое настроение.

Рамеев посмотрел на него с недоумением, и спросил:

— Да за что же, мой друг?

— За что? — пылко, давая волю своему раздражению,

62

заговорил Петр. — Да что он такое? Шарлатан? Мечтатель? Колдун? Не знается ли он с нечистою силою? Как вам кажется? Или уж это не сам ли черт в человеческом образе? Не черный, а серый, Анчутка беспятый, серый, плоский черт?

— Ну, полно, Петя, что ты говоришь? — досадливо сказал Рамеев.

Елисавета улыбалась неверною улыбкою покорной иронии, золотою и опечаленною, и желтая в ее черных волосах грустила и томилась роза. И широко раскрыты были удивленные глаза Елены.

Петр продолжал:

— Да подумайте сами, дядя, оглянитесь кругом, — ведь он же совсем околдовал наших девочек.

— Если и околдовал, — сказала, весело улыбаясь Елена, — то меня только немножечко.

Елисавета покраснела, но сказала спокойно:

— Да, любопытно слушать. И не заткнуть же уши.

— Вот видите, она сознается! — сердито воскликнул Петр.

— В чем? — с удивлением спросила Елисавета.

— Из-за этого холодного, тщеславного эгоиста ты всех готова забыть, — горячо говорил Петр.

— Не заметила ни его тщеславия, ни его эгоизма, — холодно сказала Елисавета. — Удивляюсь, когда ты успел так хорошо, — или так худо, — с ним познакомиться.

Петр продолжал сердито:

— Вся эта его жалкая и вздорная болтовня — только из желания порисоваться.

Елисавета с непривычною ей резкостью сказала:

— Петя, ты ему завидуешь.

И сейчас же, почувствовавши свою грубость, сказала краснея:

— Извини меня, пожалуйста, Петя, но ты так жестоко нападаешь, что получается впечатление какого-то личного раздражения.

— Завидую? Чему? — горячо возразил Петр. — Скажи мне, что он сделал полезного? Вот он напечатал несколько рассказцев, книгу стихов, — но назови мне хоть одно из его сочинений, в стихах ли, в прозе ль, где была бы хоть капля художественного или общественного смысла.

— Его стихи, — начала было Елисавета.

Петр перебил ее:

— Ты мне скажи, где его талант? Чем он известен? Кто его знает? Все, что он пишет, только кажется поэзией.

63

Перекрестись, и увидишь, что все это книжно, вымучено, сухо. Бездарное дьявольское наваждение.

Рамеев сказал примирительным тоном:

— Ну, уж это ты напрасно. Нельзя же так отрицать!

— Ну, даже допустим, что там есть кое-что не очень плохое, — продолжал Петр. — В наше время кто же не сумеет слепить звонких стишков! Но все-таки, что я должен в нем уважать? Развратный, плешивый, смешной, подслеповатый, — и Елисавета находит его красавцем!

Елисавета сказала с удивлением:

— Никогда я не говорила про его красоту. И разврат его, — откуда это? городские сплетни?

Елисавета покраснела и нахмурилась. Ее синие глаза странными зажглись зелеными огоньками. Петр гневно вышел из комнаты.

— Чем он так раздражен? — с удивлением спросил Рамеев.

Елисавета потупилась, и с детскою застенчивостью сказала:

— Не знаю.

Она стыдливо улыбнулась робкому тону своих слов, потому что почувствовала себя девочкою, которая скрывает. Преодолевая стыд, она сказала:

— Он — ревнивый.

ГЛАВА ДВЕНАДЦАТАЯ

Триродов любил быть один. Праздником ему было уединение и молчание. Так значительны казались ему одинокие его переживания, и такая сладкая была влюбленность в мечту. Кто-то приходил, что-то являлось. Не то во сне, не то наяву были дивные явления. Они сожигали тоску.

Тоска была привычным состоянием Триродова. Только в писании стихов и прозы знал он самозабвение, — удивительное состояние, когда время свивается и сгорает, когда дивное вдохновение награждает избранника светлым восторгом за все тяготы, за всю смуту жизни. Он писал много, — печатал мало. Известность его была очень ограниченна, — мало кто читал его стихи и прозу, и из читавших мало было таких, кто признавал его талант. Его сочинения, новеллы и лирические стихи, не отличались ни особою непонятностью, ни особыми декадентскими вычурами. Но они носили на себе печать чего-то изысканного и странного. Надо было иметь особый строй души, чтобы любить эту простую с виду, но столь необычную поэзию.

Для иных, знавших его, казалась странною его неизвестность. Казалось, что способности его были достаточно велики для того, чтобы привлечь к нему удивление, внимание и признание толпы. Но он несколько презирал людей, слишком, может быть, уверенный в своей гениальности, — и никогда не сделал движения, чтобы им угодить или понравиться. И потому его сочинений почти нигде не печатали.

Да и вообще с людьми сходился Триродов редко и неохотно. Ему тяжело было смотреть с невольною проницательностью во мглу их темных и тяжелых душ.

Только с женою ему было легко. Влюбленность роднит души. Но его жена умерла несколько лет назад. Она умерла, когда Кирше было уже лет шесть. Кирша помнил ее, — не мог забыть, все вспоминал. Смерть жены Триродов почему-то ставил в связь с рождением сына. Хотя очевидной связи не было, — его жена умерла от случайной острой болезни. Триродов думал:

"Она родила, и потому должна была умереть. Жить — только невинным".

Она умерла, но он всегда ждал ее, и думал с отрадою:

"Придет. Не обманет. Даст знак. Уведет за собою".

И жизнь становилась легкою, как зыблемое видение сладкого сна.

Он любил смотреть на портреты жены. На стене его кабинета висел портрет, написанный знаменитым английским художником. Было много фотографических ее изображений. Сладко было ему мечтать, и мечтая любоваться изображениями прекрасного лица в милого тела.

Иногда уединение нарушалось вторжением суетливой внешней жизни, и внешней, холодно-чувственной любви. Приходила женщина, с которою у Триродова была с прошлого года связь, странная, нетребовательная, как-то ни с чего взявшаяся и никуда не ведущая. Это была учительница здешней женской гимназии, Екатерина Николаевна Алкина, тихая, холодная, спокойная, с темно-рыжими волосами, с тонким, матово-бледным лицом, на котором были неожиданно-ярки губы большого рта, как будто вся телесность и красочность лица в эту влилась внезапную яркость губ, такую грешную, такую жуткую. Она была замужем, но разошлась с мужем. У нее был сын: он жил при ней. Она была с.-д., и работала в организации, но в ее жвзни это было случайно. С Триродовым она познакомилась из-за партийных дел. Ее товарищи как-то чутьем поняли, что для сношений с Триродовым, стоявшим к ним не очень близко, следует выбрать эту женщину.

Вот пришла Алина, и начала, как всегда:

— Я к вам по делу.

Глубоким и спокойным взглядом смотрел на нее Триродов, отвечая ей обычные слова, обычный свершая обряд любезного гостеприимства. Слегка волнуясь от скрытых желаний, говорила Алкина о "деле".

Еще раньше было условлено, что партийный агитатор, которого ждали для предположенной массовки, остановится в доме Триродова: это считалось самым безопасным местом. Сегодня Алкина сообщила, что агитатора ждут к вечеру. Надо было провести его в дом Триродова, и сделать это так, чтобы в городе об этом не знали. Условились, где для него будет открыт вход, и Триродов вышел сделать необходимые распоряжения. Приятное ощущение творимой тайны наполняло его радостью.

Когда Триродов вернулся, Алкина стояла у стола и перелистывала какую-то новую книгу. Руки ее слегка дрожали. Она посмотрела на Триродова ожидающим взглядом. Казалось, что она хочет сказать что-то значительное и нежное, — но голосом взволнованно-звучным она заговорила опять о деле. Она рассказывала новое в городе, в гимназии, в организации, —

о конфискации местной газеты, о высылках из города по распоряжению полиции, о брожении на фабрике. Триродов спросил:

— Кто из здешних будет на массовке говорить?

— Бодеев, из гимназии, — ответила Алкина.

— Я не люблю, что он пищит, — сказал Триродов.

Алкина робко улыбнулась, и сказала:

— Он — хороший партийный работник, — это надо ценить.

— Вы знаете, я не очень партийный, — ответил Триродов.

Алкина помолчала, вздрогнула, встала, — и вдруг перестала волноваться. На ее бледном лице, казалось, живы были только губы, яркие, медленно говорящие. Она спросила спокойно:

— Георгий Сергеевич, вы меня приласкаете?

Триродов улыбнулся. Он сидел спокойно в кресле, смотрел на нее прямо и бесстрастно, и немного замедлил ответом. Алкина спросила опять с печальною и кроткою покорностью:

— Может быть, вам некогда? или не хочется?

Триродов спокойно ответил:

— Нет, Катя, я рад вам. Там будет вам удобно, — сказал он, показывая глазами на открытую дверь в маленькую соседнюю комнату, из которой уже не было другого выхода.

Алкина, краснея слегка, сказала:

— Если позволите, я лучше здесь разденусь. Мне радостно, чтобы вы на меня долго смотрели.

Триродов помог ей расстегнуть застежки у ее юбки. Алкина села на стул, наклонилась и принялась расстегивать пуговки башмаков. Потом, медленно в с удовольствием переступая освобожденными от сжатий обуви ногами по полу, подошла к двери наружу, заперла ее на ключ, и сказала:

— Вы же знаете, у меня только одна радость.

Она проворно разделась, стала перед Триродовым, подняла руки, — и была вся длинная, гибкая, как белая змея. Скрестив пальцы вытянутых вверх рук, она потянулась всем телом, такая стройная и гибкая, что казалось, вот-вот совьется белым кольцом. Потом она опустила руки, стала, спокойная и холодная, и сказала:

— Прежде всего посмотрите на меня. Я еще не очень постарела? не совсем увяла?

Триродов, любуясь ею, сказал тихо:

— Катя, вы прекрасны, как всегда.

Алкина спросила недоверчиво:

— Правда? Измятое одеждою тело и от времени увядающая кожа, как может это тело быть прекрасным?

— Вы — такая стройная и гибкая, — говорил Триродов. — Линии вашего тела несколько вытянуты в длину, но они совершенно чисты. Кто захочет измерить вас мерою, тот не найдет ошибок в пропорциях вашего тела.

Алкина, внимательно рассматривала свое тело, сказала с тою же недоверчивостью:

— Хорошо, линии. Но колорит? Вы как-то говорили, что у русских часто бывает неприятный цвет кожи. Когда я смотрю на белизну моего тела, она мне напоминает гипс, и я плачу, оттого что я так некрасива.

— Нет, Катя, — возразил Триродов, — белизна вашего тела — не гипс. Это мрамор, слегка розовый. Это — молоко, влитое в алый хрустальный сосуд. Это — горный снег, озаренный догорающею зарею. Это— белая мечта, пронизанная розовым желанием.

Алкина улыбнулась радостно, слетка покраснела, и спросила:

— Сегодня вы опять сделаете с меня сколько-нибудь снимков, да? Иначе я буду плакать о том, что я такая некрасивая, такая худая, что вы не хотите вспомнить иногда о моем лице и моем теле.

— Да, — сказал Триродов, — у меня есть несколько приготовленных пластинок.

Алкина засмеялась радостно, и сказала:

— Сначала поцелуйте меня.

Она склонилась, почти упала в объятья Триродова. Поцелуи казались невинными, тихими, — как сестра целовала брата. Такая нежная и упругая под его руками была ее кожа. Алкина прильнула к нему покорным, отдающимся движением. Триродов перенес ее к мягкому, широкому ложу. Покорная и тихая, лежала она в его руках я смотрела прямо в его глаза простым, невинным взглядом.

Когда сладкие и глубокие прошли минуты, и усталая пришла стыдливость. Алкина лежала неподвижно, с полузакрытыми глазами, — и вдруг сказала:

— Я все хотела вас спросить, и как-то не решалась. Вы меня не презираете? Может быть, вы считаете меня очень бесстыдною?

Она повернула к нему голову, и испуганными, стыдливыми глазами смотрела на него. И он ответил ей с обычною своей решительностью:

— Нет. Катя. Часто стыд только для того и нужен, чтобы преодолеть его.

Алкина опять легла спокойно, нежась, нагая под его

взорами, как под лучами высокого Змея. Триродов молчал. Алкина засмеялась тихо, и сказала:

— Мой муж такой был корректный, — злой и вежливый. Он не бил меня, — что же, не даром же он интеллигентный человек, — и даже не говорил очень грубых слов. Хоть бы дурой когда назвал. Теперь мне кажется, что я не ушла бы от него, если бы наши ссоры не протекали так тихо, если бы он меня бил, таскал за косы, хлестал бы чем-нибудь.

— Сладко? — спросил Триродов.

— Такая пресная жизнь, — продолжала Алкина. — Крутишься в сетях маленьких неприятностей. Завыть бы, завизжать бы от тоски, от горя, от боли нестерпимой.

Она сказала это с непривычною ей страстностью, и затихла.

ГЛАВА ТРИНАДЦАТАЯ

Опять склонялся день к вечеру, и снова Триродов был один, томимый всегдашнею тоскою. Голова кружилась. Полудремотное было состояние, как предчувствие кошмара. Полусны, полуиллюзии, полны были впечатлениями дня, жгучими мечтами, жестокими.

Только что стемнело. На высоте около города горел огонь. Шалили городские мальчишки. Они зажгли костер, бросали головни в синем ночном воздухе. И радовали, и печалили красивые взлеты огня в темноте.

Кирша пришел к отцу, молчаливый, как всегда. Он стоял у окна, темными и печальными смотрел глазами на далекие огни Ивановой ночи, и молчал. Триродов подошел к нему. Кирша слегка повернулся к отцу, и тихо сказал:

— Эта ночь будет страшная.

Триродов так же тихо ответил:

— Не будет ничего страшного, Кирша, не бойся. Ляг спать поскорее, милый, пора спать.

Точно не слушая его, Кирша говорил:

— Мертвецы встанут сейчас из могил.

Отвечая ему, сказал Триродов:

— Мертвецы уже встают из могил.

Странное удивление слабо шевельнулось в нем, зачем он говорит об этом? Или так настоятельно желание вопрошающего? Тихо-тихо, не то спрашивая, не то рассказывая, говорил Кирша:

— Мертвецы пойдут по Навьей тропе, мертвецы скажут Навьи слова.

И опять, словно чужою побуждаемый волею, ответил ему Триродов:

— Мертвецы уже встали, уже они идут по Навьей тропе в Навий град, уже они говорят навьи слова о навьих делах.

И спросил Кирша:

— Ты пойдешь?

Триродов помолчал, и тихо сказал:

— Пойду.

— И я пойду с тобою, — решительно сказал Кирша.

— Не ходи, милый Кирша, — ласково сказал Триродов.

Но Кирша сказал:

— Я проведу с тобою, там, у Навьей тропы, насмотрюсь, наслушаюсь, погляжу в мертвые глаза.

Триродов сказал строго:

— Я не хочу брать тебя с собою, — тебе надо остаться здесь.

Кирша сказал просящим голосом:

— Может быть, и мама пройдет.

Триродов подумал, и сказал тихо:

— Иди.

Долгий и жуткий длился вечер. Отец и сын ждали. Стало совсем темно, — тогда они пошли.

Проходили садом, мимо замкнутой, таинственно мерцающей своими стеклами оранжереи. Тихие дети еще не спали. Тихие, качались они в саду на качелях. Тихо бряцали кольца качелей, тихо скрипели доски. На качелях, озаренные неживою луною, ночною овеянные прохладою, сидели тихие дети, качались тихонько, напевали что-то. Ночь слушала их тихую песенку, и луна, полная, такая ясная луна, неживая. Кирша спросил, понижая голос, чтобы тихие дети не слышали:

— Отчего они не спят? Качаются на качелях, — ни внизу на земле, ни вверху на небе. Чего это они? Триродов ответил так же тихо:

— В эту ночь им нельзя спать. Они не смогут спать, пока заря не заалеется, не засмеется. Им и не надо спать. Они и днем могут спать.

Опять спросил Кирша:

— Она пойдут с нами? Они хотят идти, — тихо сказал он.

— Нет, Кирша, они ничего не хотят, — сказал Триродов.

Кирша повторил грустно:

— Не хотят!

— Они не должны идти с нами, если мы их не позовем, — сказал Триродов.

— Позовем? — радостно спросил Кирша.

— Позовем одного. Кого ты хочешь позвать?

Кирша подумал, припоминая. Сказал:

— Гришу.

— Позовем Гришу, — сказал Триродов.

Он посмотрел на качели, и позвал:

— Гриша!

Мальчик, похожий на опечаленную Надежду, тихо спрыгнул с качелей, но не приблизился, и шел сзади. Остальные тихие дети спокойно смотрели вслед за ним, качались и пели, как прежде.

Триродов открыл калитку, вышел, а за ним Кирша и Гриша. Внешняя перед ними стояла ночь, и темная, забытая чернела Навья тропа. Дрогнул Кирша, — холодная под голыми ногами отяжелела земля, холодный к голым коленям прильнул

71

воздух, холодная полуоткрытую грудь овеяла влажная свежесть ночи. Тихо спросил Триродов:

— Кирша, тебе не страшно?

— Нет, — тихо шепнул Кирша, влажный вдыхая запах росы и легкого тумана.

Свет луны был сладкий и загадочный. Она улыбалась неживым ликом, и говорила, такая спокойная:

— Что было, будет вновь. Что было, будет не однажды.

Ночь была тихая, ясная. Шли долго, — Триродов и Кирша, и далеко сзади тихий Гриша. Наконец из-за тумана показалась невдали невымокая, белая кладбищенская стена. Легла поперек другая дорога. Неширокая, она поблескивала при луне тусклыми, старыми булыжниками. Дорога живых и дорога мертвых, пересекались две дороги, — перекресток у входа на кладбище. В поле около перекрестка виднелось несколько бугров, — бескрестные могилы самоубийц и казненных.

Все окрест томилось, очарованное тайною и страхом. Плоская равнина простиралась далеко, вся повитая легким туманом. Далеко влево едва мелькали сквозь туман городские огни, — и таким далеким, очерченным туманною межою, казался город, затаивший в себе ревниво от ночного поля шумы и голоса жизни.

Старая ведьма, седая, согбенная, прошла куда-то, помахивая клюкою, спеша и спотыкаясь. Она бормотала сердито:

— Не нашим духом пахнет, чужие пришли. Зачем чужие пришли? Что тут надо чужим? Чего они ищут? Найдут, чего не хотят. Наши увидят, на куски разорвут, куски по всему полю разнесут.

Вдруг что-то вокруг зашуршало, завизжало тоненькими голосками, завозилось. От перекрестка во все стороны мелкой пылью помчались несметные полчища серой нежити и нечисти. Бегство их было так стремительно, что всякую живую, не твердую душу они увлекли бы за собою. И уже видно было, как бегут в их толпе жалкие души маленьких людей. Кирша зашептал пугливо:

— Скорее, скорее в круг! Они увлекут нас, если мы не зачертимся.

Триродов тихо позвал:

— Приди, приди, тихий мальчик, очерти нас своею ночною палочкою.

Белея сквозь легкий белый туман, приблизился тихий Гриша. Он стал перед Триродовым, протягивая ему тонкий

72

жезл, длинный, серебристо-белый, и тихою улыбался улыбкою. Триродов сказал:

— Вот этим жезлом и очертимся.

И взял жезл из Гришиных рук. Гриша стал рядом с ними, спокойный, белый в свете полной луны, совсем неподвижный, точно бездыханный, точно ангел на страже. Чертя жезлом тонкий прах Навьей тропы, Триродов вел круг. Гриша шептал:

— Черта в черту, эта в ту, сомкнись мой круг. Вражья сила обступила мой круг. Смотрит, нет ли перерыва, нет ли перелома, — заберется живо, будет в круг дома. Мой круг, не разрывайся под навьею пятою. Вражья сила, оставайся за чертою.

Едва успели очертиться волшебною чертою, — и уже началось прохождение мертвецов по Навьей тропе. Мертвая толпа шла к городу, повинуясь чьему-то злому заклятию. Выходцы из могил шли в ночной тишине, и следы по дороге за ними ложились, легкие, странные, едва различимые. Слышались тихие речи, мертвые слова. В прохождении мертвых нельзя было заметить никакого определенного порядка. Они шли, как попало. Голоса сливались сначала в общий гул, и только потом, прислушавшись, можно было различить отдельные слова и целые фразы.

— Будь сам хорош, это главное.

— Помилуйте, это — такой разврат, безнравственность.

— Сыт, одет, обут, — чего же больше!

— Грехов у меня немного.

— Так им и надо. Не целоваться же с ними.

Все проходившие сначала сливались в одну мглисто-серую толпу. Потом, присмотревшись, можно было различить и отдаленных мертвецов.

Шея дворянин в фуражке с красным околышем, и говорил спокойно и отчетливо:

— Священное право собственности должно быть неприкосновенно. Мы и наши предки строили русскую землю.

Рядом с ним шел другой такой же, и говорил:

— Мой девиз — самодержавие, православие и народность. Мой символ веры — спасительная крепкая власть.

Поп в черной ризе махал кадилом, и кричал тенорком:

— Всякая душа властям предержащим да повинуется. Рука дающего не оскудеет.

Шел умственный мужик, бормоча:

— Мы все знаем, да молчим покуда. С незнайки взыску меньше. Только на роток не накинешь платок.

Мертвые солдаты прошли вместе. Они горланили

73

непристойные песни. Их лица были серо-красного цвета. От них воняло потом, гнилью, махоркою и водкою.

— Я положил свой живот за веру, Царя и отечество, — с большим удовольствием говорил молодцеватый полковник.

Шел тощий человек с иезуитским лицом, и звонким голосом выкрикивал:

— Россия для русских!

Толстый купец повторял:

— Не надуешь, не продашь. Можно и шубу вывернуть. За свой грош везде хорош.

Женщина рябая и суровая говорила:

— Ты меня бей, ежели я твоя баба, а такого закона нет, от живой жены с девкой связаться.

Мужик шел рядом с нею, грязный и вонючий, молчал и икал.

Прошел опять дворянин свирепого вида, толстый, большой, взъерошенный. Он вопил:

— Вешать! Пороть!

Триродов сказал:

— Кирша, не бойся, — это мертвые слова.

Кирша молча кивнул головою.

Барыня и служанка шли и переругивались.

— Не уравнял Бог лесу. Я — белая кость, ты — черная кость. Я — дворянка, ты — мужичка.

— Ты хоть и барыня, а дрянь.

— Дрянь, да из дворян.

Очень близко к волшебной черте, видимо, стараясь выделиться из общей среды, прошли изящно одетая дама и молодой человек из породы пшютов. Они еще недавно были похоронены, и от них пахло свежею мертвечиною. Дама кокетливо поджимала полуистлевшие губы, и жаловалась хриплым, скрипучим голоском:

— Заставили идти со всеми, с этими хамами. Можно бы пустить нас отдельно от простого народа. Пшют вдруг жалобно запищал:

— Посюшьте, вы, мужик, не толкайтесь. Какой грязный мужик!

Мужик, видно, только что вскочил из могилы, — едва разбудили, — и еще не мог опомниться и понять свое положение. Он был весь растрепанный, лохматый. Глаза у него были мутные. Бранные, непристойные слова летели из его мертвых уст. Он сердился, зачем его потревожили, и кричал:

— По какому праву? Я лежу, никого не касаюсь, вдруг, на,

иди! Какие такие новые права, — покойников тревожить! Ежели я не хочу? Только до своей земли добрался, — ан, гонят.

Скверно ругаясь, качаясь, пяля глаза, мужик лез прямо на Триродова. В нем он слепо чуял чужого и враждебного, и хотел истребить его. Кирша задрожал и побледнел. В страхе прижался он к отцу. Тихий мальчик рядом с ними стоял спокойно и печально, как ангел на страже.

Мужик наткнулся на зачарованную черту. Боль и ужас пронизали его. Он воззрился мертвыми глазами, — и тотчас же опустил их, не стерпев живого взора, стукнулся лбом в землю за чертою, и просил прощения.

— Иди! — сказал Триродов.

Мужик вскочил, и побежал прочь. Остановясь в нескольких шагах, он опять скверно изругался и побежал дальше.

Шли два мальчика, тощие, с зелеными лицами, в бедной одежонке. Опорки на босых ногах шмурыгали. Один говорил:

— Понимаешь, мучили, тиранили. Убежал, — вернули. Сил моих не стало. Пошел на чердак, удавился. Не знаю, что мне теперь за это будет.

Другой зеленый мальчик отвечал:

— А меня прямо запороли солеными розгами. Мое дело чистое.

— Да, тебе-то хорошо, — завистливо говорил первый мальчуган, — тебе золотой венчик дадут, а вот я-то как буду?

— Я за тебя попрошу ангелов-архангелов, херувимов и серафимов, — ты мне только свое имя, фамилию и адрес скажи.

— Грех-то очень большой, а я Митька Сосипатров из Нижней Колотиловки.

— Ты не бойся, — говорил засеченный мальчик, — как только меня наверх в горницы пустят, я прямо Богородице в ноги бухну, буду в ногах валяться, пока тебя не простят.

— Да уж сделай Божескую милость.

Бледный стоял Кирша. Глаза его горели. Он весь дрожал, и повторял:

— Мама, приди! Мама, приди!

В мертвой толпе светлое возникло видение, — и Кирша затрепетал от радости. Киршина мама проходила мимо, милая, белая, нежная. Она подняла тихие взоры на милых, но не одолела роковой черты, и шепнула:

— Приду.

Кирша в тихом восторге стоял неподвижно. Глаза его горели, как очи тихого ангела, стоящего на страже.

Опять чужая и мертвая хлынула толпа. Проходил

губернатор. Вся его фигура дышала властью и величием. Еще не вполне опомнившись, он бормотал:

— Русский народ должен верить русскому губернатору. Дорогу русскому губернатору! Не потерплю! Не дозволю! Меня не запугаете. Что-с? Кормить голодающих!

И при этих словах он словно очнулся, огляделся, и говорил с большим удивлением, пожимая плечьми:

— Какой странный беспорядок! Как я попал в эту толпу! Где же полиция!

И вдруг возопил:

— Казаки!

На крик губернатора примчался откуда-то отряд казаков. Не замечая Триродова и детей, они промчались мимо, свирепо махая нагайками. Смешались мертвые в нестройную толпу, теснимые казачьими конями, и злорадным смехом отвечали на удары нагаек по мертвым телам.

Седая ведьма села на придорожный камень, смотрела на них, и заливалась гнусным, скрипучим хохотом.

ГЛАВА ЧЕТЫРНАДЦАТАЯ

Елисавета оделась мальчиком. Она любила это делать, и часто одевалась так. Скучна однолинейность нашей жизни, — хоть переодеванием обмануть бы ограниченность нашей природы!

Елисавета надела белую матроску с синим воротником, синие короткие панталоны, выше колен обнажившие ее прекрасные, стройные, загорелые ноги, надела шапочку, взяла удочку, пошла на реку. В этой одежде Елисавета казалась высоким подростком лет четырнадцати.

Тихо было и ясно у реки. Елисавета сидела на прибрежном камне, опустив ноги в воду, и следила за поплавком. Показалась лодка. Елисавета всмотрелась, — подъезжал в лодке Щемилов. Он окликнул:

— Паренек! авось ты здешний, так скажи, милый... И остановился, потому что Елисавета засмеялась.

— Да никак это — товарищ Елисавета? — сказал он.

— Не узнали, товарищ? — с веселым смехом спросила Елисавета, подходя к пристани, куда Щемилов уже причаливал свою лодку.

Щемилов, крепко пожимая Елисаветину руку, сказал:

— Признаться, сразу не узнал. А я за вами приехал. Сегодня к ночи массовка собирается.

— Разве сегодня? — спросила Елисавета.

Она похолодела от волнения и смущения, вспомнивши, что обещала сегодня говорить. Щемилов сказал:

— Сегодня. Авось вы не раздумали, а? говорить-то?

— Я думала завтра, — сказала Елисавета. — Подождите, захвачу узелок, — у вас переоденусь.

Она быстро побежала вверх, и весел был звук ее ног по влажной глинистой дорожке. Щемилов ждал, сидя в лодке, и посвистывал. Елисавета скоро вышла, и ловко вскочила в лодку.

Ехать надобно было через весь город. С берега никто не узнавал Елисавету в ее мальчишеской одежде. Дом Щемилова стоял на окраине города, — хибарка среди огорода, на крутом берегу реки.

В доме никого еще не было. Елисавета взяла книгу журнала, которая лежала на столе, и спросила:

— Скажите, товарищ, как вам нравятся эти стихи?

Щемилов посмотрел. Книга была раскрыта на той

77

странице, где были стихи Триродова. Щемилов усмехнулся, и сказал:

— Да что сказать? Его стихи революционного содержания — ничего себе. Впрочем, такие стихи нынче все пишут. Ну, а прочие его сочинения не про нас писаны. Барские сладости не для нашей радости!

— Давно я у вас не была, — сказала Елисавета, — как у вас все не прибрано!

— Хозяйки нет, — сконфуженно сказал Щемилов.

Елисавета принялась прибирать, чистить, мыть. Она двигалась проворно и ловко. Щемилов любовался ее стройными ногами; так красиво двигались на икрах мускулы под загорелою кожею. Он сказал голосом, звонким от радостного восторга:

— Какая вы стройная, Елисавета! Как статуя! Я никогда не видел таких рук и таких ног.

Елисавета засмеялась, и сказала:

— Мне, право, стыдно, товарищ Алексей. Вы меня хвалите в глаза, точно хорошенькую вещичку.

Щемилов вдруг покраснел и смутился, что было так неожиданно, так противоречило его всегдашней самоуверенности. Он задышал тяжело, и сказал, смущенно запинаясь:

— Товарищ Елисавета, вы — славный человек. Вы не обижайтесь на мои слова. Я вас люблю. Я знаю, что для вас социальное неравенство — вздор, а вы знаете, что для меня деньги ваши — ерунда. Если бы я был вам не противен...

Елисавета стояла перед ним, спокойная, грустная, медленно вытирая полотенцем покрасневшие от воды руки. Тихо сказала она:

— Простите, товарищ Алексей, — вы правы о моих взглядах, но люблю я другого.

Она сама не знала, как сорвались с ее губ эти странные ей самой слова. Люблю другого! Так неожиданно выдалась внешними словами тайна сердца. А любит ли он, этот другой?

Оба они были смущены. Щемилов геройски одолел свое смущение. Глядя смущенными глазами прямо в ее синие глаза, он сказал:

— Простите, Елисавета, и забудьте. Я недогадлив, дал маху. Не думал, что вы его полюбите. Вы на меня не сердитесь. И не презирайте.

Елисавета ласково сказала:

— Полно, Алексей, вы знаете, как я вас уважаю. Мы друзья, дайте вашу руку.

Щемилов крепко, товарищеским пожатием сжал Елисаветину руку, потом наклонился и поцеловал ее. Елисавета придвинулась к Щемилову, и поцеловала его в губы поцелуем спокойным, невинным, сладким, как сестра целует брата. Потом она захватила свой узелок, и вышла в сени пройти переодеться в тот чуланчик, где в скрытом под полом сундуке хранилась литература.

В сенях Елисавета встретила Кирилла. Он только что вошел с огорода, и, по своей привычке, потупясь, спросил, не глядя ей в лицо:

— Паренек, а товарищ Алексей дома?

— Дома, — сказала Елисавета, — войдите, товарищ Кирилл.

Кирилл услышал знакомый голос, поднял глаза, увидел сложенные на голове паренька косы, и удивился. Потом он узнал Елисавету, и очень сконфузился. Елисавета скрылась в дверь чулана, а Кирилл долго еще топтался в сенях, пыхтел и шарил, в смущении не находя двери в комнату.

Стали приходить и другие: учитель гимназии Бодеев, учитель городского училища Воронок, приезжий агитатор, и с ним Алкина.

Елисавета вышла, одетая в простое темно-синее платье.

— Ну, пора, — сказал Щемилов.

Все вышли и сели в лодку. Ехали молча, слегка волнуясь. Был спокоен только один приезжий, — привык. Он посматривал равнодушно по сторонам из-под очков близорукими глазами, курил папироску за папироскою, и рассказывал кое-какие новости. Он был молодой, высокий, с тощим лицом и впалою грудью. У него были длинные волосы, прямые, каштанового цвета, и жидкая бородка. Шапка блином, порыжелая на солнце, придавала ему вид мастерового.

Когда вышли из лодки около леса, где назначено было собраться, уже вечерело. От берега надобно было пройти по лесу с полверсты. Вечерний сумрак томился под вечными сводами леса, шуршал и шелестел еле внятными шумами и шорохами, жуткими шопотами таящихся и крадущихся.

Собирались на широкой поляне среди высокого, густого леса. Уже луна стояла высоко на небе, и черные тени деревьев покрывали половину поляны. Деревья стояли такие тихие и задумчивые, словно они хотели вслушаться в слова этих людей, которые сходились к их подножиям. Но они вовсе не хотели вслушиваться, — у них была своя жизнь, и до людей им не было никакого дела. И не было им ни радости, ни печали, оттого что так много в их черной тени собралось юных девушек, сладко влюбившихся в мечту освобождения, и среди них Елисавета, влюбленная в мечту освобождения, мечта освобождения связавшая образ в таинственном доме живущего человека, сладко влюбленная, жутко взволнованная внезапным признанием своей любви к нему, острыми и сладкими словами, — люблю другого.

В черной тени деревьев красивые мелькали огоньки папирос и трубок. Запах табака вливался в свежесть ночной прохлады, и придавал ей сладкую пряность. Пряно звучали в ночной тишине молодые, задорные голоса. И людям не было никакого дела до внятных в тишине голосов лесной тайны. Люди были, как дома, — сидели, ходили, встречались друг с другом, разговаривали. Иногда, если подымался шумный говор, слышались остерегающие окрики распорядителей. Тогда начинали говорить тише.

Здесь было сотни три разного люда, — рабочие, учащаяся молодежь, молодые евреи, очень много девиц. Все молодые евреи и еврейки города были здесь. Они волновались больше всех, и речь их чаще всего переходила в страстный гвалт. Так много ждали, так страстно надеялись! Так больно влюблены были в мечту освобождения!

Были здесь и учительницы из колонии Триродова: опечаленная Надежда, горящая восторгом Мария, и еще несколько. Были гимназисты и гимназистки. Эти старались держаться развязно, чтобы видно было, что они уже не в первый раз. Были студенты и курсистки. Так радостно взволнованы были юные! Так волновались все собравшиеся! Так сладко были взволнованы мечтою освобождения, так нежно и страстно были в нее влюблены! И не одно здесь было юное сердце, с которым девственная страсть сочеталась с мечтою освобождения, и в восторге освобождения пламенела пламенея юная, жаркая любовь, — освобождение и любовь, восстание и жертва, вино и кровь, — сладостная мистерия любви жаждущей и отдающейся! И не одни загорались очи, увидев милый образ, и не одни шептали уста:

— И он здесь!

— И она здесь!

В тени за поляною, где не видят нескромные взоры, нетерпеливые уста в робкий и быстрый слились поцелуй. И отпрянули друг от друга:

— Мы не опоздали, товарищ?

— Нет, товарищ Наталья, еще не опоздали.

Сказано сладкое имя.

— Пойдемте, однако, туда, товарищ Валентин.

Сладкое сказано имя.

К Елисавете подошел человек в картузе, косоворотке черной и в высоких сапогах, с черною бородкою и усами, — лицо незнакомое и знакомое, и почему-то волнующее. Он окликнул:

— Елисавета, вы меня не узнали?

Узнала, узнала по голосу, вспыхнула, засмеялась, радостно говорила:

— Только по голосу узнала. Борода, усы, — совсем не узнать.

— Приклеены, — сказал Триродов.

Они говорили. За своею спиною Триродов слышал шопот:

— Это — товарищ Елисавета Рамеева. У нас в городе она считается первою красавицею.

Триродова почему-то обрадовали эти слова, и обрадовало, что Елисавета их слышала, и краснела так, что и в мглистом свете луны это было заметно.

Затесались сюда и сыщики, и был даже один провокатор. Никто из собравшихся, кроме этих субъектов, не знал, что полиции известно о массовке, и что лес будет скоро оцеплен казаками.

Пока, до начала массовки, шли разговоры. Сходились группами. Здешние агитаторы заводили разговоры с непартийными рабочими. К приезжему агитатору подводили наиболее интересных для дела людей. Раздался громкий голос Щемилова:

— Товарищи, внимание. Предлагаю выбрать председателем товарища Абрама.

— Согласны, согласны, — послышались отовсюду сдержанные голоса.

Товарищ Абрам занял свое место на высоком пне срубленного дерева. Начались речи. Елисавета волновалась, пока не дошла до нее очередь говорить. Было жутко и страшно, что услышит ее Триродов.

Доносились гордые слова, бодрящие лозунги, смелые указания. Была и речь провокатора. Но он выдал себя чрезмерными призывами к немедленному вооруженному восстанию. Раздался чей-то звонкий голос:

— Товарищи, это — провокатор.

Поднялось смятение. Провокатор кричал что-то, оправдываясь. Его выталкивали.

Потом говорил Щемилов, потом приезжий агитатор, — и все возрастало волнение Елисаветы. Но когда председатель сказал:

— Товарищ Елисавета, слово принадлежит вам.

Елисавета вдруг стала спокойною, взошла на высокий пень, служивший трибуною, и заговорила. Ровный, глубокий голос ее разносился далеко. Кто-то откликался в лесу, — проказничал неугомонный зой. Слушал кто-то милый, близкий, — слушали милые, близкие товарищи. Смотрели сотни внимательных глаз, и милые, дружеские взоры, словно скрещенные под щитом копья, держали ее высоко-высоко в чистой атмосфере восторга.

Коротким сном промчались сладкие минуты восторга, — и кончила, сошла в толпу, встреченная приветливыми словами и крепкими пожатиями руки, — ох, какими крепкими! — ой, иногда слишком крепкими!

— Ой, товарищ, сломаете! Какой вы сильный!

И радостно улыбается.

— Извините, товарищи, руки у меня пожестче ваших.

И ему забавно.

Кончились речи. Запели. Откликался лес гордым и смелым словам, песням освобождения и восстания. Вдруг оборвалась песня, смутный гул пробежал по толпе. Кто-то крикнул:

— Казаки!

Кто-то крикнул:

— Удирайте, товарищи!

Кто-то побежал. Кто-то говорил:

— Товарищи, спокойствие!

Казаки прятались в лесу, версты за две до места массовки. Многие из них успели изрядно выпить. Сидя вокруг костров, они затянули было веселую песню, очень громкую и не очень приличную. Но офицеры велели молчать. Пришлось послушаться.

Прибежал суетливый шпион; он что-то шептал полковнику. Скоро послышалась команда. Казаки проворно сели на коней, уехали, и оставили полупотухший костер. Сухой валежник и трава долго тлели. Начинался лесной пожар.

— Что это? — спросила Елисавета.

Ответил кто-то быстрым полушепотом:

— Слышь, казаки. Где они? Не знать, куда и бежать.

— Казаки от города, — говорил кто-то. — Уходить не иначе, как на Опалиху.

Послышались возгласы распорядителей:

— Товарищи, спокойнее. Расходитесь быстрее. Не начинайте столкновения. Дорога на Дубки свободна.

Совсем близко от Елисаветы из-за деревьев показались лошадиные морды, кроткие и тупые, с видящим и непонимающим взором добрых глаз. Толпа молодежи

82

бросилась бежать, увлекая за собою и Елисавету. Ее охватило чувство тупого недоумения. Она думала:

"Что бежать, — догонят, загонят, куда им надобно!"

Но не было сил остановиться. Все бежали, и она со всеми. Но впереди показался еще отряд казаков. В толпе поднялись вопли и визги. Побежали во все стороны. Казаки широкою цепью рассыпались везде кругом.

Многие успели вырваться из этого круга, — иные с окровавленными лицами, с изорванными одеждами. Других стали теснить в суживающийся круг казацких лошадей. Тогда стало понятно, что казаки сгоняют толпу к середине поляны. Те только, кто успел вырваться из их круга в самом начале, имели надежду убежать. Потом круг все более суживался. Около сотни собравшихся оказались внутри круга. Их погнали в город, грубо подстегивая отстающих нагайками.

Елисавета и с нею Алкина благополучно выскользнули из первого круга. Но везде вокруг слышались окрики казаков. Они остановились, прижимаясь к старому дубу, и не знали, куда идти. Триродов подошел к ним.

— Бегите же, — сказал он, — опасно стоять.

— Некуда, — спокойно сказала Елисавета.

И, как эхо, так же спокойно повторила Алкина:

— Некуда.

— Идите за мною, — сказал Триродов, — кажется, я сумею найти место безопасное.

— Где приезжий? — спросила Алкина.

— Не думайте об этом, — нетерпеливо сказал Триродов, — о нем прежде всего позаботились. Он теперь в безопасности. Идите же.

Он пошел уверенно сквозь кустарник, и они за ним.

Обшаривая лес, во всех направлениях шныряли казачьи патрули. Из-за куста перед бегущими внезапно выросла фигура казака. Он ударил Елисавету нагайкою, но она извернулась на бегу, и ослабленный удар скользнул вдоль ее тела. Казак нагнулся, схватил Елисавету за косу, и повлек ее за собою. Елисавета вскрикнула от боли. Триродов выхватил револьвер, и выстрелил, почти не целясь. Казак вскрикнул и выпустил Елисавету. Все трое побежали прочь, пробираясь сквозь колючие кусты. Дорогу им пересекал глубокий овраг.

— Ну, вот, — сказал Триродов, — здесь мы почти в безопасности.

Они спустились, — почти скатились, — на дно оврага, царапая руки и лицо, обрывая на себе одежду, — некогда было разбирать дорогу. В одном из берегов оврага, недалеко от его дна, они нашли промытое дождями и закрытое кустарником углубление, и там затаились.

— Потом пройдем к берегу, — сказал тихо Триродов, — здесь близко река.

Вдруг сверху послышался треск ломаемых кустов, — револьверный выстрел, — крики. В темноте обозначилась бегущая фигура.

— Кирилл! — позвала Елисавета негромким шопотом, — бегите сюда.

Кирилл услышал, и метнулся сквозь кусты в ту сторону, где прятались. Близко, близко от Елисаветы широко открылись его глаза, усталые, злые. Очень громкий и очень близкий раздался выстрел. Кирилл шатнулся и, грузно ломая ветви кустов, повалился навзничь.

Сверху быстро, точно сваливаясь, бежал спешенный казак. Так близко пробежал, что задетая им ветка ударила по плечу Алкиной. Но Алкина не шевельнулась, и стояла бледная, тонкая, спокойная, плотно прижавшись к почти отвесной стене промоины. Казак нагнулся к Кириллу, повозился над ним, выпрямился, проборомотал:

— Эге, не дышет. Эх, ты, парнюга?

И повернулся, чтобы лезть наверх. Когда затих шорох раздвигаемых кустов, Триродов сказал:

— Теперь надо осторожно пробраться по оврагу к реке. Река, вы знаете, делает излучину, вогнутую к городу, — мы выйдем почти против моей усадьбы. Как-нибудь переберемся через реку.

Осторожно, медленно пробирались они в густой заросли на дне оврага. Темным путем шли Триродов и с ним две, его случайная и его роковая, двумя ему посланные Мойрами, Айсою и Ананке.

Влажны стали кусты, и повеяло от реки прохладою. Тогда Алкина приблизилась к Триродову, и шептала ему:

— Если вам радостно, что она вас любит, скажите мне, — и я порадуюсь вашей радости.

Триродов крепко пожал ее руку.

Перед ними тихая, тусклая лежала река. За нею ждали их труды и опасности жизни, творимой мечтою освобождения.

Вот поднимается туман над рекою, под луною ворожащею и холодною, — вот туманною фатою фантазии облечется докучный мир обычности, и за туманною фатою неясными встанет очертаниями жизнь творимая и несбыточная.

ГЛАВА ПЯТНАДЦАТАЯ

Гулким шумом огласились ночные улицы города Скородожа, — и затихли. В испуге вскочив со своих теплых постелей, и слегка приотвернув шторы, смотрели перепуганные горожане на то, как по темным улицам провели захваченных в лесу. Потом, когда замолк конский топот и гул голосов, обыватели смиренно улеглись, и скоро заснули. Лэди Годива была бы довольна людьми столь скромными: и увидели, и не показались, и не помешали.

Улеглись обыватели, бормотали что-то со своими женами. Свободолюбивый буржуа ворчал:

— Спать не дают. Стучат копытами. Ездили бы на велосипедах.

Кошмарная была ночь для многих. Холодным ужасом она всю овеяла жизнь, и тяжелую бросила на души ненависть ко всей земной жизни, томящейся под властью горящего в небе Змея, ликующего о чем-то. О чем? О том ли, что все мы, люди на этой земле, злы и жестоки, и любим истязать и видеть капли крови и капли слез?

Жестокое сладострастие разлито в нашей природе, земной и темной. Несовершенство человеческой природы смешало в одном кубке сладчайшие восторги любви с низкими чарами похоти, и отравило смешанный напиток стыдом, и болью, и жаждою стыда и боли. Из одного источника идут радующие восторги страстей и радующие извращения страстей. Мучим только потому, что это нас радует. Когда мать дает пощечину дочери, ее радует и звук удара в красное на щеке пятно, а когда она берет в руки розги, ее сердце замирает от радости.

После ужасов дороги, после обыска, многих отправили в тюрьму. Иных отпустили. Сабурову и Светилович отдали родителям.

Утро взошло над городом тревожное, мутное, злое. Из-за города, из леса, тянуло противно-сладким запахом лесной гари.

Узнали об убитых: Кирилл, и другой рабочий, Клюкин, семейный. Рабочие волновались.

Убитых отвезли в покойницкую при городской больнице. Рано утром около покойницкой собиралась толпа, угрюмая, молчаливая, решительная. Преобладали рабочие, их жены и дети. Широкая площадь перед больницею томилась утреннею влажною истомою, — сорная, серая почва, примятые былинки, серые, кислые лавчонки. Косые лучи поднимающегося на небо

85

Змея, подернутые легкою дымною вуалью, падали на хмурые лица пришедших так же равнодушно, как на заборе и на замкнутые ворота. Древний Змей, — не наше солнце.

Были хмурые лица у стоявших перед замкнутыми воротами. В больницу никого не пускали. Собирались тайно похоронить убитых. В толпе возрастали гневные шумы.

Показался отряд казаков. Они быстро примчались, и остановились близ толпы. Сухие, красивые лошади чутко вздрагивали. Всадники были красивые, загорелые, черноглазые, чернобровые; черные волосы, не по-солдатски остриженные, виднелись из-под высоких шапок. Женщины в толпе засматривались на них с невольным любованием.

Толпа шумела, не расходилась. Подходили еще люди, — толпа росла. И уже вся площадь была залита людьми. Казалось, что близко кровавое столкновение.

Триродов утром ездил к исправнику и к жандармскому офицеру. Он уверял, что тайные похороны только усилят раздражение рабочих. Исправник тупо слушал его, и повторял:

— Нельзя. Не могу-с.

Он упрямо смотрел вниз, причем его красная шея казалась тугою, вылитою из меди, и вертел около пальца перстень с такою тихою настойчивостью, словно это был талисман, оберегающий от вражьего наговора.

Жандармский полковник оказался понятливее и сговорчивее. Наконец Триродову удалось-таки добиться разрешения на выдачу семьям тел убитых.

Исправник приехал на площадь. Толпа встретила его нестройным, но грозным шумом. Он встал на своей пролетке, и махнул рукою. Замолчали. Исправник заговорил:

— Желаете хоронить сами? Ну, что же, можете. Только позаботьтесь, чтобы не было ничего такого... лишнего. А впрочем, казаки будут на случай чего. А теперь я распоряжусь, чтобы тела ваших товарищей вам выдали.

ГЛАВА ШЕСТНАДЦАТАЯ

Уже высоко сиял пламенный, когда Елисавета проснулась. Она быстро вспомнила все, что было ночью, проворно оделась, и через полчаса уже ехала в шарабане к Триродову, томимая каким-то неясным волнением. Она встретила Триродова у ворот. Он возвращался из города; рассказал ей наскоро о своих переговорах с властями. Елисавета сказала решительно:

— Я хочу видеть семью убитого.

Триродов сказал:

— Я сам не знаю, где это. Нам придется заехать к Воронку. К нему сходятся все сведения.

— А мы его застанем теперь? — спросила Елисавета.

— Должно быть, — сказал Триродов. — Если он дома, мы вместе с ним пройдем.

Они поехали. Пыльная под быстрыми колесами влеклась дорога, открывая унылые виды тусклой обычности. Вздымалась под колесами легкая, взвеянная в знойном воздухе пыль, и длинною сзади экипажа влачилась змеею. Высокий, в недостижимом небе пламенеющий Дракон смотрел ярыми глазами на скудную землю. В знойном сверкании его лучей была жажда крови, и сияла высокая радость о пролитых людьми каплях многоценного живого вина. Среди обвеянных зноем просторов, уносясь в тесноту городской жизни, Триродов рассказывал скучными обычными словами:

— Рано утром обыски были в некоторых домах. У Щемилова нашли много литературы. Он арестован.

Рассказывали слухи об избиениях в полицейском доме. Елисавета молчала.

Квартира Воронка помещалась в очень удобном месте, — между серединою города и фабричными кварталами. На эту квартиру приходили многие, потому что Воронок много работал для местной социал-демократической организации. Главным его делом было — развивать подростков и рабочих, и попутно внушать им партийные взгляды и верные понятия о целях рабочего класса.

К Воронку приходили мальчики, его ученики из городского училища, и их товарищи и знакомые по семьям и по уличным встречам. По большей части это были пареньки милые, искренние, рассуждающие и понимающие, но непомерно лохматые и необычайно самолюбивые. Воронок развивал их очень усердно и успешно. Они очень отчетливо усваивали сочувствие к рабочему пролетариату, ненависть к сытым буржуям, сознание непримиримости интересов того и другого класса, и кое-какие факты из истории. Каждую свою беседу с Воронком лохматые парни из городского училища начинали неизменно все теми же жалобами на училищные порядки и на инспектора. По большей части они жаловались на пустяки. Они говорили с обидою:

— Форменные значки заставляет носить на фуражках.

— Точно мы — малые ребята.

— Чтобы всякий видел, что идет малыш из городского училища.

— Волосы стричь заставляет, помешали ему наши волосы.

Воронков им вполне сочувствовал. Этим он поддерживал в подростках протестующее настроение. Их друзья, такие же лохматые парни, но не ходящие в школу, жаловались тоже, — на родителей, на полицию, на что придется. Но жалобам их все же не хватало того яда и того постоянства, которые школьникам внушались всем строем школы. Воронок раздавал тем и другим книжки копеечной цены, но очень строгие в своей партийной чистоте.

Приходили к Воронку и взрослые рабочие, из молодых. Подбирались тоже почему-то все лохматые, шершавые, и такие угрюмые, что казалось, как будто они обижены навсегда, и уже навеки утратили способность улыбаться и шутить. Воронок читал с ними книжки посерьезнее, и делал объяснения непонятого. Были назначены часы для этих чтений и бесед. Этими беседами Воронку очень удавалось развить своих слушателей в желательном направлении: все партийные шаблоны усваивались ими очень скоро и очень прочно. Давал он им также книги для чтения на дом. Многие сами покупали кое-что.

Таким образом через квартиру Воронка постоянно протекала река книжек и брошюр. Иногда он подбирал целые библиотеки, и рассылал их с верными людьми по деревням.

Елисавета и Триродов застали Воронка дома. Он казался мало похожим на партийного работника: любезный, неречистый, он производил впечатление сдержанного, благовоспитанного человека. Он всегда носил крахмальное белье, высокие воротнички, нарядный галстук, шляпу котелком, стригся коротко, бородку причесывал волосок к волоску.

Воронок любезно сказал:

— Я с удовольствием пойду с вами.

Он взял тросточку, надел котелок, мельком глянул в зеркало, висевшее в простенке, и сказал опять:

— Я готов. Но вы, может быть, отдохнете?

Они отказались, и пошли вместе с Воронком. Жуткая тишина светлых улиц притаилась и ждала чего-то. Эти три казались чужими среди деревянных лачуг, скучных заборов, на мостках скрипучих и шатких. Хотелось спросить:

— Зачем идем?

Но казалось, что это сближает и делает дружным быстрый стук сердец. Вся картина бедной жизни была здесь во всей скучной повседневности, и те же играли грязные и злые дети, и ругались, и дрались, — шатался пьяный, — и качались серые ведра на сером коромысле на плече серой женщины в сером заношенном платье.

Повседневно скучною казалась нищета этого дома, где на столе, наскоро обряженный, лежал желтый покойник. Бледная баба стояла у изголовья, и выла тихо, протяжно, неутомимо. Откуда-то подошли трое ребятишек, беловолосых и бледных, и смотрели на вошедших, — странные, тупые взоры без радости и без печали, взоры, навсегда отуманенные.

Елисавета подошла к женщине. Цветущая, румянолицая, стройная девушка стояла рядом с тою бледною, заплаканною женщиною, и тихо говорила ей что-то, — та качала головою, и причитала ненужные, поздние слова. Триродов спросил тихо:

— Нужны деньги?

Воронок так же тихо ответил:

— Нет, товарищи хоронят, сложатся. Потом семье понадобятся деньги.

Настал день похорон. На фабриках работы стали. Было ясное небо, и под ним торжественно-шумная толпа, и легкие струйки ладана, пышное благоухание которого смешивалось с легким запахом лесной гари. Гимназисты забастовали, и пошли на похороны, Пришла и часть гимназисток. Робкие девочки остались в своей гимназии.

Дети из Триродовской колонии решили идти на похороны. Они принесли два венка, — речные желтые травы, еще сохранившие на своих восковых лепестках переливные огоньки ранней влаги. Пришли и тихие дети. Они держались отдельно, и молчали.

Вся полиция города была на похоронах. Даже из уезда были вызваны стражники. Как всегда, в толпе вертелись мелкие провокаторы.

Торжественно и спокойно двигалась толпа. Над толпою колыхались венки, — пестрели красные цветы, красные веяли ленты. Вокруг ехали казаки. Они смотрели угрюмо и подозрительно, — были готовы усмирять. Слышалось пение молитвы. Каждый раз, когда затихшее пение возобновлялось, казаки чутко прислушивались, Нет, — опять только молитва.

Елисавета и Триродов шли в толпе за гробом. Они говорили о том, что восторгает жаждущих восторга, и ужасает жаждущих покоя. Остры были Елисавете все впечатления на острых щебнях пыльной и сорной мостовой.

Длинная была дорога. И строгое, и стройное длилось пение. Потом кладбище, — унылое ожидание на паперти, — поспешное отпевание.

Казаки спешились, но по-прежнему держались тесным кольцом вокруг толпы.

Вынесли гроб из церкви. Опять заколыхались венки. И опять несли долго, и пели.

Вдруг усилился женский плач, — женский плач над раскрытою могилою. Учитель Бодеев встал у изголовья. Своим визгливо-тонким, но далеко слышным голосом он начал было:

— Товарищи, мы собрались здесь, у этой братской могилы...

Подошел жандармский офицер, и сказал строго:

— Нельзя-с. Прошу без речей и без демонстраций.

Бодеев спросил с удивлением:

— Но почему же?

— Нет, уж очень прошу-с. Нельзя-с, — сухо говорил офицер.

Бодеев пожал плечами, отошел, и сказал досадливо:

— Покоряюсь грубой силе.

— Закону, — строго поправил офицер в голубом мундире.

Теснясь у могилы, подходили один за другим, и бросали землю. Сырая и тяжелая, земля гулко ударялась о тесные гробы.

Засыпали могилу. Стояли молча. Молча пошли.

И вдруг послышался чей-то голос.

И уже вся толпа пела слова гордого и печального гимна. Угрюмо смотрели казаки. Послышалась команда. Казаки быстро сели на коней. Пение затихло.

За кладбищенскою оградою Елисавета сказала:

— Я хочу есть.

— Поедемте ко мне, — предложил Триродов.

— Благодарю вас, — сказала Елисавета. — Но лучше зайдемте в какой-нибудь трактир.

Триродов глянул на нее с удивлением, но не спорил. Понял ее любопытство.

В трактире было людно и шумно. Триродов и Елисавета сели у окна, за столик, покрытый грязноватою, в пятнах, скатертью. Они заказали холодного мяса и мартовского пива.

За одним из столов сидел малый в красной рубахе, пил и куражился. За ухом у него торчала папироска, — там, где приказчики носят карандаш. Малый приставал к соседям, кричал:

— Пьян-то кто?

— Ну, кто? — презрительно спрашивал от соседнего стола молодой рабочий.

— Пьян-то я! — восклицал пьяница в красной рубахе. — А кто я, знаешь ли ты?

— А кто ты? Что за птица? — насмешливо спрашивал молодой рабочий в черной коленкоровой блузе.

— Я — Бородулин! — сказал пьяница с таким выражением, точно назвал знаменитое имя.

Соседи хохотали, и кричали что-то грубое и насмешливое. Малый в красной рубахе сердито кричал:

— Ты что думаешь? Бородулин, по-твоему, крестьянин?

Рабочий в черной блузе почему-то начал раздражаться. Его впалые щеки покраснели. Он вскочил с места, и крикнул гневно:

— Ну, кто ты? Говори!

— По паспорту крестьянин. Запасной рядовой. Так? Только и всего? — спрашивал Бородулин.

— Ну? Кто? — наступая на него, гневно кричал рабочий.

— А по карточке кто я? знаешь? — спрашивал Бородулин.

Он прищурился, и принял значительный вид. Товарищи тянули молодого рабочего назад, и шептали:

— Брось. Нешто не видишь.

— Сыщик! Вот я кто! — важно сказал Бородулин.

Рабочий в черной блузе презрительно сплюнул, и отошел к своему столу. Бородулин продолжал:

— Ты думаешь, я сбился с толку? Нет, брат, шалишь, — я — бывалый. Как ты обо мне понимаешь? Я — сыщик. Я всякого могу упечь.

За соседними столиками прислушивались, переглядывались. Бородулин куражился.

— А в полицию хочешь? — сердито спросил из-за среднего стола купец, сверкая маленькими черными глазами. Бородулин захохотал, и крикнул:

— Полиция у меня в горсти. Вот где у меня полиция.

Посетители роптали. Слышались угрозы:

— Уходи, пока цел.

Он расплатился и ушел. Вдруг стало слышно, что на улице, собирается толпа. Елисавете и Триродову из окна видно было, как малый в красной рубахе слоняется взад и вперед по улице, не отходя далеко от трактира, и пристает к прохожим. Слышались его крики:

— Донесу! Арестую! Давай гривенник.

Многие давали, — боялись. Каждого встречного задевал Бородулин, — с мужчин сбрасывал шапки, женщин щипал, мальчиков драл за уши. Женщины с визгом шарахались от него. Мужчины, кто поробче, бежали. Посмелее останавливались с угрожающим видом. Тех Бородулин не смел трогать. Мальчишки толпою бегали сзади, хохотали и гукали. Бородулин бормотал:

— Ты у меня смотри Знаешь ли ты, кто я?

— Ну, кто ты? — спросил парень, которого он толкнул. — Кабацкая затычка!

Вокруг них собралась толпа. Лица были хмуры и неприветливы. Бородулин трусил, но храбрился и куражился. Он кричал:

— Надо человек двух, трех забрать!

На Бородулина вдруг напали. Молодой, дюжий парень выскочил из толпы. В руке его был громадный булыжник. Парень крикнул:

— Что эта собака тут кочевряжится?

Он ударил Бородулина булыжником по голове. Несчастливо-меток был удар. Что-то мягкое и упругое хрустнуло. Бородулин упал. Его продолжали бить. Тот рабочий, который ударил его булыжником, убежал.

Елисавета и Триродов смотрели из окна. Триродов крикнул:

— Казаки!

Люди на улице бросились во все стороны. На окровавленной мостовой остался растерзанный труп.

ГЛАВА СЕМНАДЦАТАЯ

Много забот доставил Триродову Остров. Триродов не раз возвращался мыслями к обстоятельствам своего знакомства с Островым, и к последним своим встречам с ним в Скородоже.

Остров был второй раз у Триродова через неделю после первого своего посещения. Всю ту неделю Остров не мог отделаться от странного чувства неловкости и смущения. В его памяти как-то нелепо путались подробности того посещения и разговора с Триродовым. Почему-то он постоянно забывал, какой сегодня день. Неделя прошла как-то слишком для него быстро. Может быть, это было потому, что за неделю от свел много интересных для себя знакомств. Он даже начал делаться заметным в городе человеком. Во вторник поздно вечером Остров пришел к Триродову. Ждать ему пришлось не долго. Его тотчас же приняли, и провели в одну из комнат первого этажа. Через минуту Триродов к нему вышел. Триродов казался слегка удивленным, и спросил несколько принужденно:

— Что скажете, Денис Алексеевич?

Остров сказал сумрачно:

— За деньгами пришел. Получить обещанное вспомоществование от щедрот ваших. Триродов сказал:

— Я ждал, что вы придете в среду.

Остров свирепо усмехнулся, и сказал:

— Зачем же в среду, если можно и во вторник? Или уже очень трудно с денежками расставаться? Обуржуазились, Георгий Сергеевич?

Триродов, казалось, вдруг вспомнил что-то. Улыбаясь слегка насмешливо, он говорил:

— Извините, пожалуйста, Денис Алексеевич. Я думал, что вы придете завтра, как было условлено. Я еще не приготовил для вас деньги.

Острову стало досадно. Его широкоскулое лицо потемнело. Глаза его стали свирепо-красны. Он сказал сердито:

— Вы сказали мне прийти через неделю, — я через неделю и пришел. Мне сорок раз ходить некогда. У меня и другие дела есть. Обещали дать денег, — и давайте. Как ни жалко, а надо раскошелиться.

С каждым словом он все более и более свирепел, и наконец застучал дюжим кулаком по стоящему перед ним белому круглому столику на тонких ножках. Триродов спокойно сказал:

— Сегодня у нас вторник. Стало быть, неделя еще не прошла.

Остров грубо возражал:

— Как так не прошла! Я у вас во вторник и был. Что ж, вы неделю в восемь дней считаете, на французский лад? Так это мне не с руки.

Триродов так же спокойно ответил:

— Вы были у меня в среду. Вот потому я сегодня и не приготовил вам денег.

Остров не мог понять, в чем дело. Он с недоумением посмотрел на Триродова, и досадливо сказал:

— Не приготовили! Что их готовить! Вынули из несгораемого шкапа, отсчитали и отдали, — вот и вся процедура. Не великие капиталы, — сущие пустяки.

Триродов спокойно возразил:

— Ну, как для кого. Для меня это вовсе не пустяки.

Остров с грубым хохотом крикнул:

— Нечего бедниться! Подумаешь, сирота казанская! Так мы вам и поверили.

Триродов встал, внимательно и строго посмотрел прямо в глаза Острова, и сказал решительно:

— Одним словом, сегодня я не могу дать вам этих денег. Потрудитесь прийти ко мне завтра, приблизительно в такое же время.

Остров нехотя поднялся со стула. У него было такое ощущение, словно кто-то поднял его за шиворот, и сейчас поведет насильно к выходу. Остров сказал грубо:

— Только не думайте, что и завтра проведете меня за нос. Я не таковский, чтобы меня завтраками кормить.

Его маленькие глазки засверкали от злости. Широкие челюсти свирепо дрожали. А ноги словно сами собою несли его к выходной двери.

Триродов спокойно ответил ему:

— Нет, я не думаю вас обманывать. Завтра вы получите деньги.

Остров пришел на другой день, опять в тот же час вечером. Теперь его провели в кабинет Триродова. Остров спросил грубо:

— Ну, что же, сегодня-то будут деньги? Или опять будем ломать комедию?

Триродов достал из ящика письменного стола приготовленную пачку кредитных билетов, подал ее Острову, и сказал:

— Пожалуйста, пересчитайте деньги. Здесь две тысячи.

Остров свистнул, и угрюмо сказал:

— Этого мало. Я просил у вас гораздо больше.

Триродов сказал решительно:

— Больше не дам. Этого вам очень хватит.

Глупо ухмыляясь, Остров попросил:

— Может быть, прибавите хоть малость.

— Не могу, — холодно сказал Триродов.

Остров сказал угрожающим тоном:

— С этими деньгами я не смогу отсюда уехать.

Триродов нахмурился, и строго посмотрел на Острова. Какие-то новые соображения пришли ему в голову, и он сказал:

— Это не будет для вас лучше. Пожалуй, оставайтесь, но каждый ваш здешний поступок будет мне известен.

— Ну, ладно, уеду, — с глупою усмешкою сказал Остров.

Он взял деньги, пересчитал их старательно, спрятал в засаленный карман сюртука, и уже встал, было, чтобы уходить. Триродов сказал ему:

— Посидите. Поговорим.

В то же время откуда-то из темного угла вышел тихий мальчик в белой одежде. Он стал за креслом Триродова, и смотрел на Острова. Его черные широкие глаза на бледном лице наводили на Острова жуткий страх. Остров мешковато опустился в кресло у письменного стола. Голова его закружилась. Потом странное чувство безразличия и покорности охватило его. На лице его изображалась тупая готовность сделать все, что прикажет кто-то сильный, вдруг овладевший его волею. Триродов внимательно посмотрел на Острова, и сказал:

— Ну, рассказывайте. Вот вы сами мне сообщите сведения о том, что вы здесь делаете, и в чем вы здесь участвуете. Многого сделать вы не успели, но кое-что узнали. Говорите.

Остров как-то глупо хихикнул, дернулся, как на пружине, и сказал:

— Хорошо-с. Совершенно бесплатно расскажу вам кое-что весьма интересное.

Триродов, не спуская с лица Острова тяжелого, пристального взора, повторил:

— Говорите.

Тихий мальчик не отводил от глаз Острова упорно-вопрошающего взора.

— Знаете, кто убил полицмейстера? — спросил Остров.

Триродов молчал. Остров говорил, все так же бессмысленно хихикая и подергиваясь всем телом.

— Убил, и ушел. Скрылся, пользуясь замешательством

окружающих и темнотою, как об этом выражаются в газетах. Полиция его не поймала и до сих пор, и начальство не знает, кто он.

— А вы знаете? — холодным, размеренным тоном спросил Триродов.

— Знаю, да вам не скажу, — злобно сказал Остров.

— Скажете, — решительно сказал Триродов.

И еще решительнее, громким и повелительным голосом сказал:

— Говорите, кто убил полицмейстера!

Остров отвалился на спинку кресла. Красное лицо Острова покрылось серым налетом бледности. Налившиеся кровью глаза его полузакрылись, как у брошенной полулежа куклы с заводом в животе. Остров сказал вяло, как неживой:

— Полтинин.

— Ваш друг? — спросил Триродов. — Ну, дальше говорите.

Остров говорил так же вяло:

— Вот теперь его ищут.

Триродов продолжал спрашивать:

— Зачем Полтинин убил полицмейстера?

Остров глупо хихикнул, и говорил:

— Тончайшая политика! Так, значит, надо. А для чего, этого я вам не скажу. При всем желании не могу. Сам не знаю. Только догадываться осмеливаюсь. А что же могут значить наши догадки?

— Да, — сказал Триродов, — вы этого, пожалуй, и не можете знать. Дальше рассказывайте.

— Теперь это самое дело, — говорил Остров, — для нас очень доходная статья. Прямо — статья в бюджете.

— Почему? — спросил Триродов.

На лице его не было заметно удивления. Остров говорил:

— Есть у нас такой теплый человек, Поцелуйчиков.

— Вор? — коротко спросил Триродов.

Остров усмехнулся почти сознательно, и говорил:

— Вор не вор, а плохо не клади. Человек строгий на этот счет.

Глаза Острова приняли откровенно-наглое выражение. Триродов спросил:

— Какое же у него отношение к этой вашей статье дохода?

Остров объяснил:

— А мы его посылаем к местным богатеям.

— Шантажировать? — спросил Триродов.

Остров с полною готовностью отвечал:

— Вот именно. Приходит он, скажем, к толстосуму. Имею,

96

говорит, к вам дело по секрету, большого лично для вас интереса. Оставшись же с негоциантом наедине, говорит, — пожалуйте пятьсот рублей. Тот, известно, на дыбы, — как так? за что такая прокламация? А так-с, говорит. За то за самое. Иначе, говорит, вашего сынка-первенца в тюрьму засажу, ибо могу доказать, что ваш сынок-первенец имеет касательство к убиению доблестного полицмейстера.

— Дают? — спросил Триродов.

— Кто дает, кто выпроваживает, — отвечал Остров.

Триродов сказал презрительно.

— Милая компания! Что же вы еще замышляете?

С тем же безвольным послушанием Остров рассказал Триродову, что в их компании замыслили украсть чудотворную икону из соседнего монастыря, сжечь ее, а драгоценные камни, которыми она осыпана, продать. Дело это трудное, потому что икону берегут. Но друзья Острова рассчитывают воспользоваться одним из летних праздников, когда монахи, проводивши именитых богомольцев, подопьют изрядно. Таким образом, на приготовления к этой краже у воров остается больше месяца, это время они намерены использовать на то, чтобы втереться в дружбу к монахам и хорошенько ознакомиться с обстановкою.

Триродов молча выслушал все это, потом сказал Острову:

— Забудьте, что вы мне все это рассказывали. Прощайте.

Остров встрепенулся. Он казался точно вдруг проснувшимся. Не понимая причин своего тягостного смущения, он неловко распрощался и ушел.

Триродов думал, что необходимо предупредить здешнего епархиального епископа о готовящейся краже чудотворной иконы.

Епископ Пелагий жил в том же монастыре, где хранилась чтимая народом икона Божией Матери. В том же монастыре покоились мощи святого старца. К этим святыням на поклонение шли с разных концов России. Поэтому монастырь считался богатым.

Триродов долго думал о том, каким способом известит епископа Пелагия о замышленной краже. Сделать это посредством безымянного письма Триродову было противно. Сказать об этом епископу лично или написать от себя было бы лучше. Но тогда явился бы вопрос, откуда сам Триродов узнал об этом замысле. Ведь может случиться, что его самого заподозрит кто-нибудь в соучастии с преступниками. И без того здешние горожане смотрели на Триродова косо.

Страшно ему было опять впутываться в темную историю.

Уже досадовал он на себя за это странное любопытство, которое заставило его расспрашивать о чужих делах Острова. Лучше было бы совсем не знать о преступном замысле. Промолчать же о готовящейся краже Триродов не видел никаких оснований. Он думал, что темные стороны монашеской жизни не могут оправдать злого дела, замышленного товарищами Острова. Притом же последствия этого дела могли быть очень опасны.

Триродов наконец решился ехать в монастырь. На месте, — думал он, — виднее будет, как осведомить епископа. Но эта поездка была ему так неприятна, что он долго откладывал ее.

ГЛАВА ВОСЕМНАДЦАТАЯ

Триродов понял, что он полюбил Елисавету. Он знал это чувство, — сладкую и мучительную влюбленность. Опять оно пришло, и снова расцветило ярко весь мир. А на что он, этот мир, широкий и вечно недоступный, полный воспоминаниями о пережитом, — О пережитых? Но полюбить ее, полюбить Елисавету, — это и значит — полюбить и принять мир, весь мир.

Смущало Триродова это чувство. К недоумениям прошлого, еще не сбытого с плеч, — и настоящего, начатого по странному наитию и еще не взвешенного, — присоединялось недоумение будущего, новой и неожиданной связи. И самая любовь — не средство ли осуществлять мечты?

Вначале Триродов хотел задавить в себе эту новую влюбленность, и забыть Елисавету. Он пытался удалиться от Рамеевых, не бывать у них, — но с каждым днем все более влюблялся. Все недоступнее становились думы и мечтания о Елисавете. Они сплетались, срастались со всем содержанием души. Все чаще вычерчивались карандашом на бумаге то ее строгий профиль, разнеженный юным восторгом освобождения, то ее простой наряд, то быстрый очерк ее плеча и шеи, то узел ее широкого пояса.

Опять и опять жестокая возникала надежда, — задавить, раздавить нежный цвет сладкой влюбленности. И вот уже несколько дней Триродов не показывался к Рамеевым. Даже в те дни, когда его, по привычке, быстро установившейся, ждали.

Это казалось Елисавете преднамеренным невниманием, и обижало ее. Но она продолжала защищать его каждый раз, когда Петр его бранил. Она вызывала все чаще воображением его черты, — глубокий, наблюдающий взор, — ироническую, надменную усмешку, — бледное лицо, гладко выбритое, как у актера, и такое холодное, точно маска. Так сладко и горько она влюблялась, мерцанием синих глаз сладкую выдавая мечту.

Рамеев заметно скучал о том, что долго не видит Триродова. Он привык к нему очень скоро. Ему приятно было поговорить с Триродовым, иногда поспорить. Раза два заходил он к Триродову, и не заставал. Рамеев несколько раз писал приглашения. В ответ приходили вежливые, но уклончивые письма, с выражением сожаления о невозможности прийти.

Однажды вечером Рамеев ворчал на Петра:
— Из-за твоей грубости человек перестал бывать.

Петр ответил резко.

Рамеев строго посмотрел на него, и сказал:

— Да я не рад. Один интересный человек в этой глуши, да и того мы отпугнем.

Петр извинился. Ему стало неловко. Он один вышел из дому, так, без цели, только бы уйти от своих.

Вечерняя заря горела долго, мучительно не хотела умирать, точно это был последний день, и наконец погасла. Синее, — сладостно-синее, — стало все небо. Только на северо-западе край его прозрачно зеленел. Сквозь высокую синеву дрожали тихие звезды. Луна, давно бледно белевшая в светлой прозрачности, поднялась желтая и ясная. На земле стало почти совсем темно. На берегу реки было прохладно, — после жаркого дня. Пахло гарью лесного пожара, но и этот запах в мглистой прохладе вечера смягчал свою противную, злую горечь. У невысокой, темной плотины купалась зеленоволосая, зеленоглазая русалка, и плескалась хрупко-звучною волною, и в ладь плеску струей смеялась звонко.

Петр шел тихо по прибрежной аллее, и думал об Елисавете, грустно и лениво думал, — вернее, вспоминал, — вернее, мечтал, — вернее, безвольно отдавался грустной игре нервных сплетений в мозгу. Тихое безмолвие вечера, столь родное ему, говорило ему без слов, но внятно, что строй его души слишком тих и слаб для Елисаветы, такой сильной, прямой и простой.

В нем была маленькая дерзость, — и не было великих дерзновений. Он только верил в Христа, в Антихриста, в свою любовь, в ее равнодушие, — он только верил! Он только искал истины, и не мог творить, — ни бога из небытия вызвать, ни дьявола из диалектических схем, ни побеждающей любви из случайных волнений, ни побеждающей ненависти из упрямых "нет". И он любил Елисавету.Любил давно, любовью ревнивою и бессильною.

Любил! Какая грусть! Весенняя истома, и радость утренней прохлады, — далекий звон, — слезы на глазах, — и она улыбнется, — пройдет, — милая! Какая грусть! Такое все темное в мире, — и любовь, и равнодушие.

Вдруг совсем близко Петр увидел Триродова. Триродов шел прямо на Петра, словно не видел его, он двигался как-то механически и быстро, как кукла, движимая точно рассчитанным заводом. Шляпа в опущенной руке, — лицо побледнелое, — дикий взор, — глаза горящие. Слышались отрывистые слова. Он шел так стремительно, что Петр не успел посторониться. Они сошлись лицом к лицу, почти столкнулись.

Триродов вдруг очнулся, и увидел, что он не один. На его

ляце изобразился испуг. Петр неловко посторонился. Триродов быстро подошел к нему, пристально всмотрелся, и быстро повернулся спиною к лунному свету. Невольно подчиняясь его движению, за ним повернулся и Петр. Теперь луна глядела прямо на красивое лицо Петра, и в холодных, неживых лучах оно казалось бледным и странным.

Триродов заговорил вздрагивающим, смятенным голосом:

— А, это вы?

— Как видите, — насмешливо сказал Петр.

Триродов продолжал:

— Не ожидал вас встретить здесь. Я принял вас... Он не кончил.

Петр спросил досадливо:

— За кого?

Не отвечая ему, Триродов спрашивал:

— А где же?.. Здесь никого нет. Вы не слышали?

Петр отвечал с досадою:

— Я не так воспитан, чтобы подслушивать. Тем более отрывки поэзии, для меня недоступной.

— Подслушивать! Кто говорит об этом! — живо ответил Триродов. — Нет, я думал, что вы услышали невольно слова, которые показались вам странными, загадочными или страшными.

— Я здесь случайно, — сказал Петр, — иду, и не занимаюсь подслушиванием.

Триродов внимательно посмотрел на Петра, вздохнул, наклонил голову, и сказал тихо:

— Простите. У меня так нервы расстроены. Я привык жить среди моих фантазий, и в мирном обществе моих тихих детей. Люблю таиться.

— Откуда взялись ваши тихие дети? — спросил Петр, усмехаясь досадливо.

Словно не расслышав, Триродов продолжал:

— Простите, пожалуйста. Я слишком часто принимаю за действительность то, что живет только в моем воображении. Может быть, всегда. Я живу влюбленный в мои мечты.

В этих словах и в звуке их была такая неизъяснимая грусть, что Петр почувствовал невольную жалость к Триродову. Ненависть его как-то странно поблекла, как поблекнет луна при восходящем солнце.

Триродов говорил тихо и печально:

— У меня так много странностей и диких привычек. Я напрасно прихожу к людям. Лучше мне быть одному с моими невинными тихими детьми, с моими тайнами и снами.

— Почему лучше? — спросил Петр.

— Иногда я чувствую, что люди мешают мне, — говорил Триродов. — Докучают и они сами, и дела их, маленькие, обычные. И что они мне? Одно есть несомненное — только. Я. Тяжелое бремя быть с людьми. Они дают мне так мало, и за это выпивают всю мою душу, жадные, злые. Как часто уходил я из их общества измученный, униженный, растоптанный. О, какой мне праздник — одиночество, сладкое одиночество! Хоть бы вдвоем.

— Однако все-таки вдвоем! — с внезапною злостью ответил Петр.

Триродов посмотрел на него пристально, и сказал:

— Жизнь трагична. Беспощадною силою иронии разрушает она все иллюзии. Вы знаете, конечно, что душа Елисаветы — трагична, и надо большое дерзновение, чтобы приблизиться к ней, и сказать ей великое Да жизни. Да, Елисавета...

Дрожа от ревнивой ярости, вскрикнул Петр:

— Елисавета! А! Почему вы говорите об Елисавете?

Триродов пристально смотрел на Петра. Он спросил медленно, — и так странно-звучен был его голос:

— Вы не боитесь?

— Чего же мне бояться? — угрюмо отвечал Петр. — Я вовсе не трагичный человек. Мой путь мне ясен, и я знаю, кто ведет меня.

— Вы этого не знаете, — возразил Триродов. — Впрочем. Елена мила. Кто боится взять страшное и великое, кто любит сладкие мелодии, для того Елена.

Петр молчал. Какая-то новая, — чужая? — мысли роились в его голове. Он прислушивался к ним, и вдруг сказал:

— Вы у нас давно не были. А в нашем доме вас так любят. Вас ничем не стеснят. Приходите, когда хотите, молчите или говорите, как вам вздумается.

Триродов молча улыбнулся.

Петр Матов вернулся домой поздно и в смутном настроении. Все уже сидели за ужином. Елисавета взглянула на него так, словно ожидала увидеть другого.

— Опоздал, — смущенно сказал Петр, — забрел далеко, сам не знаю как.

Он сам не понимал, чем смущен. Едва узнал Елисавету, одетую мальчиком, в матросской куртке и коротких панталонах. Она сидела такая стройная и улыбалась рассеянною, равнодушною улыбкою.

Елена, краснея почему-то, молча подвинулась, — и какая-то странная робость была в ее движении, — робкое желание.

Повинуясь ее желанию, Петр сел рядом с нею. Она смотрела на него ласково, любовно. Ее взоры трогали его. Он думал:

"Отчего я не люблю Елену? Или ее только я и люблю? Не странная ли ошибка вялой воли затмила мои глаза?".

Он говорил с нею ласково и нежно, и смотрел на нее, и загорался жаждою новой влюбленности. Словно дивною властью внушил ему кто-то странный там, у речной прохлады, эту новую любовь. Еленино сердце билось от восторга.

ГЛАВА ДЕВЯТНАДЦАТАЯ

После этого вечера Триродов опять стал бывать у Рамеевых, преодолевая свою любовь к тихим одиночествам. Уже не противился он этому неодолимому влечению видеть Елисавету, всматриваться в глубину ее синих глаз, вслушиваться в золотые звоны ее сладких слов, чувствовать дыхание и обаяние ее первоначальной свежей силы. Так весело было смотреть на ее простую одежду, на доверчивую открытость ее плеч, на легкий загар ее ног, на строгий очерк ее лица.

При Триродове солнечно-желтая Елисаветина глубина претворялась в голубую бездонную высь. Елисавета любила все сильнее, и хотела любить, хотела преодолеть несносные преграды.

Рамеев смотрел на Елисавету и Триродова, и горел странною, стариковскою радостью. Точно думал:

"Вот поженятся, наплодят мне внуков".

Уже определились часы, когда Триродова ждали. Он и Елисавета часто оставались одни. Так сближало их это отъединение вместе от людей, от далеких и от близких. Они уходили куда-нибудь в запущенную глубину сада, под раскидистую сеть светлых осокорей, где нежною горечью благоухал тмин, — и там говорили подолгу.

Точно сам с собою был с Елисаветою Триродов, — так просто и откровенно говорил. Так о многом они говорили, точно им надо было весь мир вместить в тесный очерк быстрых слов.

Проходя высоким берегом реки, под широкими тенями могучих осокорей и странных чернокленов, внимая веселому чириканью гомозящихся в прибрежных кустах птиц, говорила Елисавета:

— Сладостны ощущения бытия, полнота жизни и восторга. Точно раскрылось надо мною новое небо, и первый раз цветут на земле фиалки и ландыши, орошенные первою росою, и первый раз милые хозяйки из душистой чаполоти делают майский напиток.

Улыбался печально Триродов, и говорил:

— Чувствую великую тягость жизни. Но что сделать? Не знаю, каков удел, где жизнь легка и успокоенна.

— А зачем успокоенность и легкость жизни? — возражала Елисавета. — Хочу огня и страсти. Пусть погибну. Сгорю в огне восстания и восторга, — пусть!

— Да, — сказал Триродов, — какие-то в себе самом открыть надо возможности и силы, и тогда будет новая твориться жизнь. Нужна ли она?

— А что надо? — спросила Елисавета.

— Не знаю, — печально отвечал Триродов.

— Чего же вы хотите? — опять спрашивала она.

— Может быть, ничего не хочу, — говорил Триродов. — Кажется, ничего не жду от жизни. И то, что делаю, делаю так, словно тягостный совершаю подвиг.

— Как же вы живете? — дивясь, спросила Елисавета.

Он говорил:

— Я живу в странном и неверном мире. Живу, — а жизнь проходит мимо, мимо меня. Женская любовь, юношеская пылкость, волнение молодых надежд, — все это остается навеки в запрещенной области несбывшихся возможностей. Несбыточных, может быть.

Тяжким стуком отсчитывались в Елисаветином сердце темные, пламенные миги молчания. Темная томила досада на эти грустные слова о слабости и унынии, — и не верила она им. А Триродов говорил, словно дразня ее красивою, но бессильною печалью:

— Много труда, мало отрады. Проходит жизнь, как сон, безумный и мучительный.

— О, только бы яркий! только бы он был буйный! — восклицала Елисавета.

Триродов улыбался и говорил:

— Приближаются минуты пробуждения. Приходит старость, тоска томит. И пустая, и бесцельная влачится жизнь к каким-то неведомым пределам. Спрашиваешь сам себя, без надежды найти достойный ответ, зачем живу в этом странном и случайном обличии? Зачем избрал я эту долю? Зачем я это сделал?

— Но чья же вина? — спросила Елисавета.

Триродов отвечал:

— Сознание, созревшее до вселенской полноты, говорит, что всякая вина — моя вина.

— И всякий подвиг — мой подвиг, — сказала Елисавета.

— Так невозможен подвиг! — говорил Триродов. — Невозможно чудо. Хочу, и не могу вырваться из оков этого плоского существования.

Елисавета сказала:

— Вы говорите о любви, как о несбыточном для вас. Но у вас была жена.

Грустно говорил Триродов:

— Была. Краткие промчались миги. Была любовь? Но знаю. Страсть, угарь, — и смерть.

— И опять будет сладостное в жизни, — уверенно сказала Елисавета.

И отвечал ей Триродов.

— Да, иная будет жизнь, но что мне? Быть иным простым, — ребенком, мальчиком с босыми ногами, с удочкою в руках, с простодушно-разинутым ртом. Живут, на самом деле живут, только дети. Им завидую мучительно. Мучительно завидую простым, совсем простым, далеким от этих безотрадных постижений разума. Живы дети, только дети. Зрелость — это уже начало смерти.

— Полюбить — умереть? — улыбаясь, спросила Елисавета.

Она прислушалась к звуку этих красивых и печальных слов, и повторяла тихо, и слушала тихие слова:

— Полюбить — умереть!

И вслушалась, и его услышала слова:

— Полюбила, — умерла.

Елисавета спросила тихо:

— Как звали вашу первую жену?

И удивилась, — зачем сказала — первую, — одна же была.

И, медленно краснея, порозовела вся.

Триродов задумался, не слышал, молчал. Елисавета не повторила вопроса. Вдруг он улыбнулся и сказал:

— Вот и мы с вами чувствуем себя живыми людьми, и что для нас может быть более несомненным, чем наша жизнь, наше ощущение жизни? А может быть, мы с вами — вовсе не живые люди, а только действующие лица романа, и автор этого романа совсем не стеснен заботою о внешнем правдоподобии. Свое прихотливое воображение он преобразил в эту темную землю, и из этой темной, грешной земли вырастил эти странные черноклены, и эти могучие осокори, и этих чирикающих в кустах, и нас.

Елисавета смотрела на него с удивлением, потом, улыбаясь, она сказала:

— Я надеюсь, что роман будет интересен и красив. Пусть бы хоть смертью он кончился! А вы сами, скажите, почему вы так мало пишете?

С неожиданною страстностью, почти с раздражением, отвечал Триродов:

— Зачем я стану писать целые томы, пересказывая истории о том, как они полюбили, как они разлюбили, и все это? Я пишу только то, что могу сказать сам от себя, что еще не было

106

сказано. А сказано уже многое. Лучше прибавить свое одно слово, чем писать томы ненужностей.

— Вечные темы, всегда одно и то же, — говорила Елисавета, — разве не они составляют содержание великого искусства?

— Мы никогда не начинаем, — сказал Триродов. — Мы являемся в мир с готовым наследием. Мы — вечные продолжатели. Потому мы не свободны. Мы видим мир чужими глазами, глазами мертвых. Но живу я только пока делаю все моими.

В эти часы их уединенных бесед Петр забирался куда-нибудь на вышку. Он спускался оттуда иногда с покрасневшими глазами, — от слез или от буйного ветра вершин. Томительно влеклись его дни. Ненависть к Триродову и ревность приступами иногда вновь начинали мучить его.

Петр иногда делал Елисавете неприятные, жалкие сцены. Он любил и ненавидел ее. Убил бы, — но где же ему было убить! Да и ненавидеть до конца он не был в силах, — ни Елисавету, ни Триродова.

Он ближе узнавал Триродова, — и ненависть уже теряла прежнюю остроту, не жгла крапивою злости, как прежде. Он с любопытством всматривался, и начинал понимать. Томление бессознательной злости сменялись ясным созерцанием разделяющей пропасти. И от этого еще больше усиливалась тоска.

Он решился уехать, решался, — и раздумывал, и оставался опять, тосковал, метался.

Миша, так тот совсем влюбился в Триродова. Он полюбил оставаться с Елисаветою, чтобы наговориться о нем.

Однажды вечером Петр приехал к Триродову, так ему не хотелось ехать, такие противоположные в душе боролись чувства! Но по соображениям условной вежливости надобно было.

Опять заспорили: по мнению Петра, религия и культура терпят ущерб от революции. Скучный, ненужный спор! Но Петр не мог удержаться от злых слов против крайностей "освободительного движения".

Он все время чувствовал себя неловко. Хотелось держать что-то в руках, что-то делать. Беспокойство какое-то странно томило. То брал, то выпускал из рук разные мелочи со стола. Взял в руки призму. Триродов вздрогнул. Тихо и невнятно сказал что-то. Петр не расслышал, смотрел с удивлением и неловко повертывал в руках тяжелую призму, удивляясь ее странной тяжести. Триродов нервно вздрагивал. Петр, неловко поворачивая призму, стукнул ею о край стола. Триродов

107

вздрогнул, крикнул что-то невнятно, выхватил призму из рук Петра, и взволнованным голосом сказал:

— Оставьте это.

Петр с удивлением смотрел на Триродова. Досада его вырастала. Триродов был, видимо, смущен. Петр, принужденно улыбаясь, спросил:

— Что же это?

— Как вам сказать! — говорил Триродов. — С этим связано...

Пожалуйста, извините мою резкость. Мне показалось, что вы уроните эту вещь, а мне не хотелось бы... Это кажется капризом... И в сущности, это, конечно, совершенно пустое... Так, с этим связано одно очень далекое воспоминание. Право, не понимаю сам, зачем я держу на своем столе эти вовсе не красивые вещи. Но есть воспоминания столь интимные... Вы понимаете... Но мне, право, очень жаль...

Петр слушал в недоумении. Вдруг он догадался, что невежливо молчать так долго, и заговорил, сам почему-то смущаясь:

— Пожалуйста, не беспокойтесь. Я очень хорошо понимаю, что есть вещи... Если вам тяжело или неприятно об этом говорить, то пожалуйста...

Триродов несвязно и смущенно сказал еще несколько слов: извинялся, благодарил. С облегчением вздохнул он, увидев входящего Щемилова.

Петр перенес свое раздражение на вновь пришедшего, и спросил иронически:

— Опять на свободе? Надолго ли?

— Латата задал, — спокойно ответил Щемилов. — Перешел на нелегальное положение.

Петр скоро ушел.

— Сегодня? — спросил Щемилов. — Здесь?

— Да, соберемся, — ответил Триродов. — Он еще не уехал, и есть важные дела и новости. Кое-что надо организовать, кое-что распространить.

— Удобный у вас дом, — сказал Шемилов. — Можно побаловаться? — спросил он, показывая на ящик с сигаретами, и усаживаясь поуютнее на широком диване. — Удобный, — повторил он, закуривая сигару. — Пока еще не догадываются, а если пожалуют, то все эти входы, и выходы, и закоулки... Очень удобно. И хранить, — это не то, что у меня в сундучке.

ГЛАВА ДВАДЦАТАЯ

В городе было неспокойно: готовились забастовки, происходили патриотические манифестации. В окрестностях города ходили какие-то темные люди, — и разбрасывали по деревням прокламации, очень безграмотные. Эти прокламации угрожали поджогами, если не станут крестьяне бунтовать. Поджигать будут "студенты", уволенные с фабрик за забастовки. Крестьяне верили. В иных деревнях по ночам они ставили караульщиков, ловить поджигателей.

Стал играть заметную роль в городе Остров. Деньги, взятые у Триродова, он быстро промотал и пропил. Опять идти к Триродову он пока не смел, но на что-то рассчитывал и оставался в городе.

Здесь Остров встретил своего старинного приятеля, Якова Полтинина.

Кербах и Жербенев выписали из столицы Якова Полтинина и еще двух черносотенцев. Показная цель выписки этой была — установить связь недавно основанного ими и генеральшею Конопацкою местного отдела всероссийского черносотенного союза с центральными организациями. Цель же, которая подразумевалась, но о которой эти почтенные люди не говорили даже друг другу иначе, как намеками, была та, чтобы с помощью этих троих устроить здесь патриотический подвиг, — попросту разгром интеллигенции.

Яков Полтинин ввел Острова в семьи патриотов. В городе была компания темных людей, на все готовых. Яков Полтинин ввел Острова и в эту компанию.

В этой-то компании, во время дружеской попойки на квартире у Якова Полтинина, в грязном домишке на окраине города, зародилась мысль украсть чтимую икону из монастыря. Полтинин говорил:

— Драгоценных камней на ней страсть сколько, — бриллианты, яхонты, рубины. Сотнями лет богатство копилось. Матушка Россия православная усердствовала.

Вор Поцелуйчиков поддакивал ему:

— Никак не меньше, как на два миллиона.

— Ну, приврал, — возражал недоверчиво Остров.

Яков Полтинин с видом знающего говорил:

— Ничего не приврал. Бедно, бедно, на два миллиона, а то в на все три будет.

— А где сбыть? — спросил Остров.

Яков Полтинин уверенно говорил:

— Да я знаю. Дадут пустяки, сравнительно, а все-таки с полмиллиона заработаем.

Посыпались кощунственные шутки.

Яков Полтинин давно уже таил мысль устроить нечто грандиозное, от чего заварилась бы каша. Убийство полицмейстера произвело, правда, сильное впечатление. Но все ж таки это не было нечто столь значительное, как Якову Полтинину хотелось бы. Украсть и уничтожить чудотворную икону, — вот это настоящее дело! Яков Полтинин говорил;

— Непременно на социалистов-революционеров подумают. Экспроприация в партийных целях, не без того. Нас никто и подозревать не станет.

— Попам большой подрыв будет, — твердил Молин, бывший учитель, испьянствовавшийся, проворовавшийся, посидевший в тюрьме, и лишенный прав.

Друзья стали готовиться к замышленной краже. То один из них, то другой то и дело наведывались в монастырь.

Остров, хотя и сильно пьянствовал, но повадился ходить в монастырь гораздо чаще своих товарищей. В монастыре охотно принимали Острова. Старшим, начальствующим монахам он угодил своею внешнею богомольностью. В монастыре было много пьянствовавших монахов, — и тем был приятен Остров. Монахи склоняли Острова поступить в здешний черносотенный союз. Говорили, что это — дело, угодное Богу. Вели с Островым елейные и патриотические разговоры, и пили, и поили.

Полтинина и Поцелуйчикова тоже недурно принимали в монастыре.

Странные нити отношений ткутся иногда между людьми. Хотя Петр Матов встретил Острова недружелюбно, но Остров сумел завязать знакомство и с ним. Дошло до того, что однажды Петр даже сговорился ехать в монастырь вместе с Островым.

Большим влиянием в городе пользовалась богатая вдова генерала Глафира Павловна Конопацкая, энергичная и властолюбивая дама. Она была самою щедрою жертвовательницею на разные черносотенные предприятия. За ее щедрость ее выбрали председательницею местного губернского отдела всероссийского черносотенного союза. В доме Глафиры Павловны происходили собрания здешнего черносотенного отдела, а также и другого тайного сообщества, которое носило пышное название союза активной борьбы с революцией и анархией.

110

Обряд записи в члены союза обставлялся большою торжественностью. Особенно старались привлекать рабочих. Каждому новому члену выдавался значок, браунинг, немного денег. Усиленно поили водкою.

Про дом Глафиры Павловны местные патриоты говорили:

— Здесь, русский дух, здесь Русью пахнет!

После собраний здесь пахло водкою и махоркою. Этот дух усердно выводили, открывая окна летом, и усиленно топя печки зимою.

Некоторые из рабочих записывались в эти союзы из корысти, другие по незнанию. Убежденных черносотенцев в рабочей среде было мало. В союз активной борьбы проникли люди, служившие нашим и вашим, вроде Якова Полтинина, а также два, три убежденных революционера. Они брали браунинги, и передавали их членам революционных организаций. В союзе заметили это очень поздно.

В гостеприимном, уютном доме Глафиры Павловны наиболее частыми гостями были Кербах и Жербенев. Злые языки даже злословили, сплетая генеральшино имя то с именем Кербаха, то с именем Жербенева. Но это была неправда. Сердце генеральши было занято одним только молоденьким чиновником для особых поручений при губернаторе.

Однажды после обеда у Конопацкой Кербах и Жербенев рассказывали Глафире Павловне об Острове. Начал Кербах. Он сказал:

— Есть у меня, Глафира Павловна, на примете человечек, на которого я хотел бы обратить ваше внимание.

— И у меня есть теплый парень, — сказал Жербенев.

Кербах говорил, не очень дружелюбно посмотревши на перебившего его Жербенева:

— Мой мне поначалу очень не понравился.

Но Жербенев не унимался.

— Да и мне мой тоже не слишком приглянулся вначале, — сказал он.

— С виду он точно разбойник, — сказал Кербах.

Жербенев не отставал.

— Слово в слово, и мой такой же, — объявил он, как что-то радостное и приятное.

Кербах говорил:

— Но сердцем он простодушный ребенок и горячий патриот.

— Вот, вот, и мой такой же, — вторил Жербенев.

Глафира Павловна мило улыбалась им обоим.

111

Раздосадованный Кербах наконец спросил:

— Да вы о ком говорите?

Жербенев ответил:

— Да тут есть такой, как его? Еще мы с вами его как-то раз на пристани встретили. Помните, еще он о Триродове что-то рассказывал.

— Остров? — догадался Кербах.

— Он самый, — сказал Жербенев.

— И я об нем же говорю, — сказал Кербах.

— И отлично! — воскликнул Жербенев. — В одно слово. Так вот, Глафира Павловна, его бы залучить в наш союз. Преполезный человек. О жидовье слышать спокойно не может, — так и зарычит, как пес цепной.

Глафира Павловна решила:

— Конечно, привлечь. Такие люди нам очень нужны.

Так у Острова завязались связи с этим союзом. Остров для него много хлопотал.

Одним из главных занятий черносотенного союза были доносы. Донесли губернатору и попечителю учебного округа о том, что воспитанники Триродова были на похоронах убитых в лесу рабочих.

Колония, основанная Триродовым, давно уже смущала и соблазняла горожан. Доносы бывали и раньше. Теперь Остров сообщил для доноса много сведений, преимущественно измышленных или им самим, или досужими горожанами. Попечитель прислал директору народных училищ приказание расследовать. Губернатор принял свои меры. Так над колонией Триродова собирались тучи.

Немало стараний прилагал союз и к тому, чтобы возбудить невежественную часть населения против евреев и "интеллигенции".

Настроение в городе было тревожное. Казаки часто попадались на улицах. Рабочие смотрели на них враждебно. Кто-то распускал слухи, что в городе готовится вооруженное восстание. Из-за ничтожных поводов возникали страшные столкновения.

Однажды вечером в Летнем саду собрались, — гулять, слушать музыку и куплеты с открытой сцены. Опять вечер был тих и ал. Мимо ограды влеклась серая по ветру пыль, оседая на острых листочках акаций в саду и на светло-лиловых мелких загадках около дороги. Закатное было за нею, за серою влекомою по ветру пылью, розовое и алое небо, — и сочетание серых и алых давало очень приятные для глаза переливы красок.

Большой, красный джинн разломал сосуд с Соломоновою печатью, освободился, и стоял за городом, смеясь беззвучно, но противно. Дыхание его было гарью лесного пожара. Но он сентиментально кривлялся, рвал белые лепестки гигантских маргариток, и хрипло шептал голосом, волнующим кровь юных:

— Любить, — не любить, — изрубить, — повесить.

Люди не видели его, смотрели на небо, и говорили:

— Как прекрасно! Я очень люблю природу! А вы любите природу?

Другие смотрели равнодушно, и думали, что все равно. Любители природы хвастались перед ними тем, что любуются на восхитительный закат, тем, что умеют наслаждаться природою. Говорили другим:

— Вы, батенька, сухарь. Вам бы только к зеленому полю поскорее.

Гулянье было, и влеклись люди по сорным дорожкам, в тесноте и толкотне. Очень радовались тому, что им весело. Веселый был гомон, и хихикали девочки, и смешили их гимназисты и чиновнички. В толпе сновали серые чертенята, — а когда шутики-жутики вскакивали к барышням на плечики, и засовывали под корсаж за рубашку мохнатые щекочущие лапки, барышни взвизгивали. Они были наряжены красиво и легко, по-праздничному. Очерк их высоких грудей под цветными тонкими тканями дразнил юношей.

На гулянье был казачий офицер. Он подпил, раскраснелся, развеселился, расхвастался:

— Будем резать всех, всех резать!

Купчики угощали, целовали его, и кричали ему:

— Режь, сделай милость, режь хорошенечко. Так им, анафемам, и надо. А бабам и девкам сыпь, сыпь горячее.

Увеселения сменялись одно другим, одно другого веселее и глупее, — то в театре, то на открытой сцене: сыграли глупый, но скабрезный водевиль, — пели злободневные куплеты (гром аплодисментов), — визжала шансонетная певица-расторопша, дергала голыми, чрезмерно набеленными плечьми, и подмигивала слишком подведенными глазами, — акробатка танцевала на руках, подняв затянутые в розовое трико ноги над головою. Все было так, как будто бы и не было в городе охраны, и не разъезжали по улицам казаки.

Вдруг крикнул кто-то в глубине сада.

Темное смятение разлилось в толпе. Многие стремительно бросились к выходу. Иные прыгали через забор. Вдруг от выходных ворот толпа с неистовыми воплями метнулась назад, в глубину сада.

Откуда-то прискакали казаки и, зычно крича мчались по аллеям сада. Они так скоро явились, точно ждали где-то призыва. Заработали их быстрые плети. Разрывались тонкие ткани на девичьих спинах, и оголялось нежное тело, и красивые синие и красные на розово-белом цветы-скороспелки ложились пятна ударов. Капли крови, крупные: как брусника, брязгали в воздух, напоенный вечерними прохладами, и запахом листвы, и ароматами духов. Свирельно-тонкие, звонкие вопли боли вторили тупому, плоскому хлестанию плетей по телам.

Метались, бежали кто куда. Некоторых захватывали, — лохматых юношей и стриженых девиц. Избили и захватили, по ошибке, двух-трех барышень из самых мирных и даже почтенных в городе семей. Потом их выпустили.

В пивной, грязной и вонючей, пировали хулиганы. Они радовались чему-то, бренчали деньгами, говорили о будущих получках и весело хохотали. Особенно шумно-весело было за одним столиком. Там сидел знаменитый в городе озорник, Нил Красавцев, со своими тремя приятелями. Они пили, пели хулиганские частушки, потом расплатились, и вышли. Слышны были дикие их речи:

— Парх бунтует, против царя идет.

— Все забрать себе жиды хотят.

— Хоть бы жидовку зарезать!

— Жидам вся земля перейдет.

Уже темнело. Хулиганы пошли по главной улице города. Сретенка. Было тихо, и только редкие попадались прохожие, да кое-где у калитки стояли, говорили. У ворот своего дома еврейка вдова сидела, разговаривая с соседом, евреем портным. Ее дети целою толпою, мал мала меньше, здесь же гомозились, и быстро стрекотали о своем.

Нил подошел к еврейке, и крикнул:

— Пархатая, молись Богу за царя православного!

— Ну, и что тебе надо! — закричала еврейка. — Я тебя не трогаю, и ты себе иди дальше.

— А, так-то! — завопил хулиган.

Широкий нож, блестя в вечерней мгле, поднялся в широко размахнувшейся руке, и вонзился в старую. Она быстро и тонко взвыла, — опрокинулась — умерла. Еврей в ужасе убежал, оглашая ночной воздух жалкими воплями. Дети завыли. Хулиганы с хохотом ушли.

ГЛАВА ДВАДЦАТЬ ПЕРВАЯ

Длился зенитный час. Было тихо, невинно, свежо в глубине леса, на берегу оврага, — и внешний зной змеею обессиленною, лишенною яда, только редкими извивами своего чешуйчатого тела забирался сюда.

Триродов нашел это место для себя и для Елисаветы. Уже не раз приходили они сюда вдвоем, — почитать, поговорить, посидеть у обомшелого камня, на котором странным телесным призраком выросла тонкая, зыбкая, кривая рябинка. У этого обомшелого камня, высокая и стройная, так прекрасна была Елисавета, в ее простом коротком платье, с обнаженными, загорелыми руками, с загорелыми стопами дивных ног.

Елисавета читала вслух, — стихи. Такой золотой звенел ее голос, змеиными и солнечно-звонкими звуками. Триродов слушал, с улыбкою слегка иронической, эти хорошо знакомые, бесконечно милые, глубокие слова, — столь невнятные для жизни. Она кончила, и сказал Триродов:

— Целой человеческой жизни едва достаточно для того, чтобы продумать, как следует, одну только мысль.

— Так мы должны избрать каждый для себя одну только мысль? — спросила Елисавета.

— Да, — сказал Триродов. — Когда люди поймут это, человеческое знание сделает такие быстрые успехи, каких еще не видано. Но мы так боимся.

И уже за их спинами близкое таилось злое вторжение грубой жизни. Вдруг Елисавета слабо вскрикнула от неожиданности безобразного появления. Тихо переступая по мшистой земле, к ним подошел грубый, грязный, оборванный человек, — тихо, как лесная фея. Он протянул грязную, корявую руку, и сказал вовсе не просительным голосом.

— Дайте, господа, бедному человеку на хлеб.

Триродов досадливо нахмурился и, не глядя на попрошайку, вынул из маленького кармана своей тужурки серебряную монету. В его карманах всегда запасена была мелочь, — на случай неожиданных встреч. Оборванец усмехнулся, повертел монету, подбросил ее, ловко спрятал в карман, и сказал:

— Покорнейше благодарю ваше сиятельное благородие. Дай вам Бог доброго здоровья, богатую жену и в делах верного успеха. Только я вам вот что скажу.

Он замолчал, и смотрел с миною важною и значительною. Триродов нахмурился еще сильнее, и спросил угрюмо:

— Что же вы хотите мне сказать?

Оборванец сказал явно издевающимся голосом:

— А вот что. Книжку вы читали, милые господа, да не ту.

Он засмеялся жалким, наглым смехом. Точно трусливая собака залаяла хрипло, нагло и боязливо.

Триродов переспросил с удивлением:

— Не ту? Почему это?

Оборванец говорил, делая нелепые жесты, и казалось, что он может говорить хорошо и красиво, но притворяется нарочно неотесанным и глупым:

— Слушал я вас долго. Тут за кустиком. Спал, признаться, — да вы пришли, залопотали, разбудили. Хорошо читала барышня. Внятно и жалостно. Сразу видно, что от души. А только не нравится мне содержание, а также все прочее в этой книжке.

— Почему не нравится? — спокойно спросила Елисавета.

— По-моему, — говорил оборванец, — не тот фасон, какой вам требуется. Не к лицу вам все это.

— Какую же нам надо книгу читать? — спросила Елисавета.

Она слегка улыбалась, словно нехотя. Оборванец присел на один из ближних пней, и отвечал неторопливо:

— Да не вам одним только, почтенные господа, а всем вообще, которые в щиблетах лакированных да в атласных платьях щеголяют, да на нашу братью поплевывают.

— Какую же книгу? — опять спросила Елисавета.

— Вы Евангелие почитайте, — сказал оборванец.

Он внимательно и строго посмотрел на Елисавету, — всю ее фигуру обвел внимательным взором, от зарумянившегося лица до ног.

— Зачем Евангелие? — спросил Триродов.

Он вдруг стал очень угрюм. Казалось, соображал что-то, и не решался, и томительна была нерешимость. Оборванец отвечал неторопливо:

— А вот затем, что знаете все очень верно. Мы в раю будем посиживать, а из вас черти в аду жилы тянуть станут. А мы будем на это прохладно смотреть да в ладошки весело хлопать. Занятно будет.

Оборванец захохотал хрипло и громко, но не радостно, точно притворно. Хохот его казался гнусным, ползучим. Елисавета вздрогнула. Она сказала укоризненно:

— Какой вы злой! Зачем вы это?

Оборванец сердито глянул на нее, всмотрелся в ее синие, глубокие глаза, потом опять широко улыбнулся, и сказал:

— Что там злой! Вы, небось, добрые? Злой не злой, — надо

быть справедливым. Только я тебя, барин, люблю, — обратился он вдруг к Триродову.

Триродов усмехнулся легонько, и сказал:

— Спасибо на добром слове, а только за что вам любить меня?

Он смотрел внимательно на оборванца. Вдруг ему стало страшно и тоскливо, и он опустил глаза. Оборванец не спеша закурил вонючую трубку, затянулся, помолчал, и заговорил опять:

— У других господ хари все больше веселые, точно он тебе сейчас только блин со сметаною стрескали, или дядюшкино завещание благополучно подделали. А у тебя, барин, завсегда рожа постная. Уже это я за тобою давно приметил. Видно, что-нибудь есть у тебя на душе. Не без того, что уголовщина.

Триродов молчал. Он приподнялся на локте, и смотрел прямо в глаза оборванца, пристально, со странным выражением немигающих, повелевающих, упорных глаз.

Оборванец замолчал, точно застыл на минуту. Потом он вдруг заторопился, точно испугался чего-то. Ежась и горбясь, он снял свою шапчонку, обнажая нечесаную, лохматую голову, забормотал что-то, шмыгнул в кусты, и скрылся тихо, — как лесная фея.

Триродов мрачно смотрел вслед за ним, — взором, завораживающим лесные тихие тайны. Он молчал. Казалось Елисавете, что он намеренно не смотрит на нее. Елисавета была страшно смущена. Но, делая над собою быстрое усилие, она засмеялась, и сказала притворно весело:

— Какой странный!

Триродов перевел на нее печальные взоры. Он тихо сказал:

— Говорит, точно знает. Говорит, точно видит. Но никто не может знать того, что было.

Ах, если бы знать! Если бы можно было изменить то, что было!

Опять припоминалась Триродову в эти дни темная история с отцом Петра Матова. В эту историю Триродов неосторожно впутался, и она теперь заставляла его считаться с шантажистом Островым.

Отец Петра, Дмитрий Матов, попался в сети, которые он сам расставлял для других. Дмитрий Матов втерся в тайный революционный кружок. Там скоро узнали как-то о его сношениях с полицией, и решили его уличить и убить.

Один из членов кружка, молодой врач Луницын, взял на себя роль изменника. Он обещал Дмитрию Матову, что вручит ему важные документы, уличающие многих. Сторговались за не очень крупную сумму. Место свидания для обмена этих документов на деньги назначили в небольшом местечке вблизи того города, где жил тогда Триродов.

В назначенный час Дмитрий Матов вышел из вагона железной дороги на той станции, где условлена была встреча. Был поздний вечер. Дмитрий Матов был в синих очках, с привязанною бородою, — так условились. Луницын ждал его за несколько шагов от станции, и провел в дом, нарочно для этого нанятый в очень уединенной местности.

Там уже был приготовлен ужин. Дмитрий Матов ел с удовольствием, и пил много вина. Его собеседник фантазировал что-то о будто бы готовящихся покушениях. Матов мало-помалу разоткровенничался, и принялся хвастливо рассказывать о своих связях с полицией, и о том, как уже многих и как ловко он выдал.

Дверь в соседнюю комнату была задрапирована обоями. В этой комнате таились трое. Триродов, Остров и молодой рабочий Кровлин. Они подслушивали. Кровлин был сильно взволнован и возмущен. Он вполголоса повторял с негодованием.

— Ах, негодяй! Какой мерзавец!

Остров и Триродов кое-как унимали его. Говорили:

— Молчите. Пусть он все выболтает.

Наконец наглость Дмитрия Матова вывела Кровлина из терпения. Он выбежал из своей засады, и закричал:

— Так вот как! Ты выдаешь наших полиции! Сам сознаешься!

Дмитрий Матов позеленел от испуга. Он закричал своему собеседнику.

— Убейте его. Он нас подслушивал. Стреляйте скорее. Его нельзя оставить. Он нас обоих выдаст.

В это время вышли еще двое. Луницын, направив револьвер прямо в лоб Дмитрию Матову, спросил:

— Кого же убивать, предатель?

Понял тогда Дмитрий Матов, что он попался. Но он еще попытался вывернуться, призвав на помощь всю свою ловкость, и все свое нахальство. Дмитрия Матова уличали в предательстве. Он сначала оправдывался. Говорил, что он только обманывал полицию, что он вошел с полицейскими в сношения, чтобы узнавать полезные для товарищей сведения. Но лживые слова его тускнели быстро. Тогда он стал умолять о пощаде. Говорил что-то о жене своей, о детях.

Мольбы Дмитрия Матова никого здесь не тронули.

Судившие его были непреклонны. Участь Дмитрия Матова была решена. Приговор вынесен был единогласно — повесить.

Дмитрия Матова связали. Уже на шею его накинута была веревка. Тогда Триродов спросил:

— Куда же вы денете его? Вывезти трудно, а оставить опасно.

Луницын сказал:

— Кто сюда придет! Разве случайно. Пусть висит, пока не найдут.

Кровлин сказал угрюмо:

— Зароем тут же в саду, как собаку.

— Отдайте его мне, — сказал Триродов. — Я уберу его тело так, что никто его не найдет.

Остальные охотно согласились. Остров сказал, улыбаясь нахально.

— Химию свою в ход пустите, Георгий Сергеевич? Ну, да нам все равно. Только бы казнить вредного человечка, а вы из него хоть скелета себе сделайте.

Триродов достал из своего кармана флакон с бесцветной жидкостью.

— Вот, — сказал он, — этим снадобьем мы его усыпим.

Он впустил тонким шприцем несколько капель жидкости под кожу Дмитрию Матову. Матов слабо вскрикнул, и тяжело свалился на пол. Через минуту перед ним лежало бездыханное посиневшее тело. Луницын осмотрел Дмитрия Матова, и решил:

— Готов.

Один за другим ушли трое. Только Триродов остался с телом Дмитрия Матова. Триродов снял одежду с Матова, и сжег ее в печке. Сделал Матову еще несколько впрыскиваний тою же бесцветной жидкостью.

Медленно влеклись долгие ночные часы. Триродов лежал, не раздеваясь, на диване. Плохо спал, томимый тяжелыми снами. Часто просыпался.

В соседней комнате на полу лежал Дмитрий Матов. Жидкость, введенная в его кровь, производила странное действие. Тело, равномерно сжималось и высыхало очень быстро. Через несколько часов уже оно потеряло больше половины веса, приняло очень небольшие размеры, и сделалось очень мягким и гибким. Но все его пропорции были совершенно сохранены.

Триродов запаковал это тело в большой пакет, завернул пледом, и перетянул ремнями. Похоже было на то, что это

119

завернутые в плед подушки. С утренним поездом Триродов уехал домой, увозя с собой тело Дмитрия Матова.

Дома Триродов положил тело Матова в сосуд с зеленоватою жидкостью. Состав этой жидкости был изобретен им самим. В этой жидкости тело Дмитрия Матова еще больше сжалось. Оно уже стало длиною не больше четверти аршина. Но по-прежнему все отношения его тела остались ненарушенными.

Потом Триродов изготовил особое пластическое вещество. Облек этим веществом тело Дмитрия Матова. Плотно спрессовал его в форме куба. Поставил этот куб на своем письменном столе. И стоял так бывший человеком в ставший вещью, стоял вещью среди других вещей.

Но все-таки Триродов был прав, когда говорил Острову, что Матов не убит. Да, несмотря на свою странную для человека форму и на свою тягостную неподвижность, Дмитрий Матов не был мертв. Потенция жизни дремала в этой коричневой массе. Триродов не раз уже думал о том, не настала ли пора восстановить Дмитрия Матова, и вернуть его в мир живых.

До сих пор он еще не решался сделать это. Не был уверен, что удастся сделать это без помехи. Для процесса восстановления необходимо было помещение, совершенно изолированное и спокойное, и время немного больше года.

В начале этого лета Триродов решился начать процесс восстановления. Он приготовил большой чан, длиною в три аршина. Наполнил его бесцветною жидкостью. Опустил в эту жидкость куб со сжатым телом Дмитрия Матова.

Медленный процесс восстановления начался. Незаметно для глаза стал таять и разбухать куб. Не раньше, как через полгода, истает он настолько, что будет просвечивать тело.

ГЛАВА ДВАДЦАТЬ ВТОРАЯ

Соня Светилович была потрясена жестокими, грубыми событиями той ужасной ночи. Она заболела. Недели две пролежала она в беспамятстве. Боялись, что она умрет. Но она была девочка сильная, и одолела свою болезнь.

В тяжелом горячечном бреду носились перед бедною девочкою картины кошмарной ночи. Приходили к ней серые, лютые демоны, с тусклыми оловянными глазами, свирепо издевались над нею, и безумствовали. Некуда было спастись от их гнусного неистовства.

В семье у Светиловичей царило подавленное настроение. Сонина мать плакала, сморкалась и негодовала. Сонин отец много, горячо и красноречиво говорил у себя дома, красиво жестикулировал в своем кабинете при своих друзьях, и возмущался. Сонины маленькие братья строили планы мщения. Бонна Сониной младшей сестры, фрейлейн Берта, порицала варварскую Россию.

Возмущались и все знакомые Светиловичей. Но возмущение их принимало только платонические формы. Иных, может быть, оно и не могло принять. Конечно, все более и менее независимые в городе люди сделали Светиловичам визиты соболезнования. Пришел даже либеральный податной инспектор. Он лечился у доктора Светиловича, и посетил его в приемный час, — выразил свое участие, кстати, посоветовался относительно своих недомоганий, но гонорара не заплатил, — ведь это же был визит соболезнования.

Сонин отец, доктор медицины Сергей Львович Светилович, принадлежал к конституционно-демократической партии. Среди своих он считался самым левым. Так же, как и друг его Рамеев, — кадет более умеренных взглядов, — он был членом местного комитета партии.

Доктор Светилович, конечно, не мог спустить полиции ее неправильных действий. Он пожаловался на полицию губернатору и прокурору, написал тому и другому обстоятельные прошения. При этом он более всего заботился о том, чтобы в его прошение не вкралось как-нибудь оскорбительных для кого-нибудь выражений.

Доктор Светилович был человек в высшей степени корректный и лояльный. Пусть все другие люди вокруг него в чрезвычайных обстоятельствах растеряются и забывают свои принципы: пусть все вокруг, свои и чужие, друзья и враги, поступают неправильно и незаконно, — доктор Светилович всегда оставался верен себе. Никакие обстоятельства, никакие силы земные и небесные не могли бы отвратить его от того пути, который он признавал, в соответствии с разделяемыми им конституционно-демократическими основоположениями, единственно правильным. Вопрос о целесообразности поведения занимал доктора Светиловича весьма слабо. Было бы только принципиально правильно. А что из этого выйдет, это он возлагал на ответственность тех, кто хотел вести иную линию. Поэтому доктор Светилович пользовался чрезвычайным уважением в среде своей партии. Мнениям его придавался большой вес, и в вопросах тактики отзывы его были непререкаемы.

Через несколько дней после подачи прошения доктором Светиловичем в его квартиру явился полицейский пристав. Он вручил доктору Светиловичу под расписку серый шершавый листок с оттиснутым в левом верхнем углу штемпелем Скородожского губернского правления и пакет от прокурора. В пакете был вложен согнутый вчетверо белый плотный лист с красиво напечатанным бланком прокурора. И на шершавом сером листке, и на плотном белом бланке излагались, приблизительно в одинаковых выражениях ответы на жалобы доктора Светиловича. В этих ответах уведомляли доктора Светиловича, что по предмету его жалоб произведено обстоятельное расследование; далее говорилось, что основательность указаний доктора Светиловича на якобы незакономерные действия чинов полиции и на то, что задержанные в лесу девицы были подвергнуты побоям, не подтвердилась.

Наконец Соня поправилась. Домашние и знакомые старались не упоминать при Соне о прискорбных событиях той ночи. Разговор при ней заводили о другом, о чем-нибудь безразличном и приятном, чтобы развлечь бедную девушку. С этою же целью позвали однажды вечером гостей. Кому послали письма, к кому зашел сам доктор Светилович. Проехался он в своей пролетке на паре сытых лошадок и к Рамеевым, и к Триродову.

Приглашая Триродова, доктор Светилович просил его прочесть из своих сочинений что-нибудь такое, что не навело бы Соню на неприятные воспоминания. Триродов на этот раз охотно согласился, хотя избегал читать где-нибудь свои сочинения.

Когда Триродов, собираясь вечером уходить из дому,

122

выбирал цветной галстук, Кирша сказал ему со своею обычною серьезностью:

— Ты бы не ездил сегодня к Светиловичам. Остался бы лучше дома.

Триродов нисколько не удивленный этим неожиданным советом, улыбнулся и спросил:—

— Почему же не ездить?

Кирша держал его за руку, и говорил тоскливо:

— Тут нынче вокруг нашей усадьбы все сыщики шныряют. Чего им здесь надо! А к Светиловичу сегодня, наверное, с обыском придут, — уж я это чувствую.

Триродов усмехнулся, и сказал:

— Не беда. Мы ко всему этому привыкли. А ты, милый Кирша, уже слишком любопытен, — всегда заглядываешь, куда не надобно.

Кирша говорил невесело:

— Глаза мои видят, и уши мои слышат, — разве я в этом виноват!

В приятной, нарядной гостиной Светиловичей, в неживом свете трех матовых шариков электрических ламп бронзовой люстры казалась мечтательно красивою зеленовато-голубая обивка мебели ампирь. Блестели черные изгибы звучного рояля. Лежали альбомы на столике под длинными листами латаний. Портрет старика с длинными белыми усами улыбался молодо и весело со стены над диваном. В этой милой и как будто бы ничем не омраченной обстановке собрались гости. Говорили много, горячо и красиво.

Собрались преимущественно местные кадеты. Были здесь три врача, молодой инженер, два присяжных поверенных, редактор местного прогрессивного листка, мировой судья, нотариус, три учителя гимназии, священник. Почти все пришли с дамами и с девицами. Было еще несколько студентов, курсисток и подростков из старших классов гимназии.

Молодой священник, Николай Матвеевич Закрасин, сочувствовавший кадетам, давал уроки в школе Триродова. Среди своих собратьев, священников, он слыл большим вольнодумцем. Городское духовенство смотрело на него косо. Да и епархиальный архиерей к нему не благоволил.

Отец Закрасин кончил духовную академию. Он недурно говорил, писал что-то, сотрудничал не только в духовных, но даже и в светских журналах. У него были вьющиеся, густые, недлинные волосы. Серые глаза его улыбались ласково и весело. Его священническая одежда всегда казалась новою и нарядною. Его манеры были сдержанны и мягки. Совсем не

123

похожий на обыкновенного русского попа, отец Закрасин был светел, наряден и весел. По стенам висели гравюры, изображавшие события из священной истории. В кабинете в нескольких шкапах было много книг. По выбору их было видно, что круг интересов отца Закрасина весьма обширен. Вообще же во всем любил он несомненное, убедительное и рациональное.

Его жена Сусанна Кирилловна, очень благообразная, полная, спокойная и совершенно уверенная в правоте кадет дама, сидела теперь неподвижно на. диване в гостиной Светиловичей, и изрекала истины. Она, несмотря на свои конституционно-демократические убеждения, была настоящая попадья, хозяйственная, говорливая и боязливая.

Сестра священника Закрасина, Ирина Матвеевна, или, как все ее называли, Иринушка, распропагандированная попадьею епархиалка, молоденькая, розовенькая и тоненькая, была очень похожа на брата. Она кипятилась так часто и так сильно, что старшие постоянно унимали ее, ласково посмеиваясь над ее молодым задором.

Был Рамеев с обеими дочерьми, братья Матовы и мисс Гаррисон. Был и Триродов.

Было почти весело. Разговаривали, кто о политике, кто о литературе, кто о местных новостях, кто о чем. Сонина мать сидела в гостиной, и говорила о женском равноправии и о сочинениях Кнута Гамсуна. Сонина мать очень любила этого писателя, и любила рассказывать о своей встрече с ним за границею. На ее столе стоял портрет Кнута Гамсуна с его подписью, предмет большой гордости всей семьи Светиловичей.

У чайного стола в соседней с гостиною маленькой комнате, которую называли буфетною, Соня, окруженная веселою молодежью, разливала чай. В кабинете Сонина отца говорили о том, что возле в деревнях вокруг города стало неспокойно. Были поджоги помещичьих усадеб и экономий. Было несколько случаев разгрома хлебных амбаров у деревенских кулаков, скупающих хлеб.

Сонину мать попросили сыграть что-нибудь. Она поотказывалась не долго, но потом с видимым удовольствием подошла к роялю, и сыграла пьесу Грига. Потом за рояль сел нотариус. Под его аккомпанемент распропагандированная попадьею епархиалка Иринушка, смущенно краснея, но с большим выражением, спела новую народную песенку:

Полюбила я студента
Из далекого Ташкента,
Вышла замуж за него, —
Пировало все село.

Сладку водочку все пили,
Дружно речи говорили,
Как бы барам досадить,
Землю нам переделить.

Зыкнул, рыкнул, и ввалился
Вдруг урядник к нам в избу.
— Я на остров Соколиный
— Тебя, с мужем упеку.
— Ну, милашка, собирайся,
Поскорее одевайся.
За хорошие дела
Ждет милашечку тюрьма.

Я ничуть не испугалась,
Даже с мужем не прощалась.
Заступились мужики.
Выгнали его в толчки.

Эта песня была, как иллюстрация к разговорам о деревенских настроениях. Она имела большой успех. Иринушку за нее хвалили и благодарили. Иринушка краснела и жалела, что не знает еще другой какой-нибудь песни в том же роде.

Потом Триродов читал свою новеллу о прекрасной и свободной влюбленности. Читал просто и спокойно, не так, как читают актеры. Прочел, — и в холодной принужденности похвал почувствовал, как он чужд всем этим людям. Опять, как часто, шевельнулась в душе та же мысль, — зачем иду к этим людям.

"Так мало общего между ними и мною", — думал Триродов. И только утешили улыбка и слово Елисаветы.

Потом танцевали. Играли в карты. Как всегда, как везде.

ГЛАВА ДВАДЦАТЬ ТРЕТЬЯ

Уже не ждали больше никого. В столовой накрывали к ужину. Вдруг раздался резкий, настойчивый звонок. В переднюю торопливо пробежала горничная. Кто-то в гостиной сказал с удивлением:

— Поздний гость.

Всем стало почему-то жутко. Ждали каких-то страхов, — что вот вдруг вломятся разбойники, что принесут телеграмму с мрачным содержанием, что придет кто-нибудь запыхавшийся и усталый, и скажет ужасную весть. Но вслух говорили совсем о другом. Дамы соображали:

— Кто же бы это мог быть так поздно?

— Да кто же другой может быть, как не Петр Иваныч!

— Да, он таки любит опоздать.

— Помните, у Тарановых?

Петр Иванович откликнулся, подходя:

— Что вы, Марья Николаевна! Я давно уже здесь.

Марья Николаевна сконфуженно говорила:

— Ах, извините. Так кто же это?

— А вот сейчас узнаем. Будем посмотреть.

Любопытный инженер выглянул, было, в переднюю, и наткнулся на кого-то в серой шинели, стремительно идущего в гостиную. В тихом ужасе сказал кто-то:

— Полиция.

Когда горничная открыла на звонок дверь, в переднюю, теснясь и неловко толкаясь, ввалилась толпа чужих людей, — городовые, дворники, жандармы, сыщики, полицейский пристав, жандармский офицер, двое околоточных. Горничная обомлела от страха. Пристав прикрикнул на нее:

— Пошла в кухню!

На дворе оставался отряд городовых и дворников под командою околоточного надзирателя. Они наблюдали, чтобы никто не мог войти или выйти из квартиры Светиловичей.

В квартиру вошло городовых десятка два. Все они были вооружены зачем-то винтовками с примкнутыми штыками. За городовыми жались три человека гнусной наружности, в штатском. Это были сыщики. У входной двери стали двое городовых. Другие двое подбежали к телефону, — он висел тут же, в передней. Видно было, что роли распределены заранее опытным в таких делах режиссером. Остальные толпою ввалились в гостиную. Полицейский пристав вытянул шею и, краснея напряженным лицом с вытаращенными глазами, закричал очень громко:

— Ни с места!

И самодовольно оглянулся на жандармского офицера.

Женщины и мужчины остолбенели на своих местах, словно изображая живую картину. Молчали, и смотрели на вошедших.

Городовые, неловко держа ружья на перевес, топоча по паркету неуклюжими сапожищами, ринулись по комнатам. Они установились у всех дверей, смотрели на господ испуганно и сердито, неловко сжимали стволы винтовок, и старались казаться похожими на настоящих солдат. Видно было, что эти усердные люди готовы стрелять в кого попало при первом же подозрительном движении: думали, что здесь собрались бунтовщики.

Все комнаты наводнились чужими людьми. Запахло махоркою, потом и водкою. Идя на обыск, многие выпили для храбрости: боялись вооруженного сопротивления.

Жандарм положил на рояль в гостиной объемистый портфель своего полковника. Жандармский полковник, выдвинувшись на середину комнаты, так что свет люстры почти прямо сверху падал на его крутой лысеющий лоб и на его русые пушистые усы, официальным тоном произнес:

— Где хозяин этой квартиры?

Он напряженно притворялся, что не узнает ни доктора Светиловича, ни других. А сам почти со всеми здесь был знаком. Доктор Светилович подошел к нему.

— Я — хозяин этой квартиры, доктор Светилович, — сказал он таким же официальным тоном.

Полковник в голубом мундире холодно сказал:

— Объявляю вам, господин Светилович, что я должен произвести обыск в вашей квартире.

Доктор Светилович спросил:

— Кто же вас на это уполномочил? И где у вас ордер на производство обыска?

Жандармский полковник повернулся к роялю, порылся в своем портфеле, но ничего оттуда не вынул, и сказал:

— Предписание у меня, конечно, есть, не извольте беспокоиться. В случае сомнения, можете спросить по телефону.

Повернувшись к полицейскому приставу, полковник сказал:

— Потрудитесь собрать всех остальных в одну комнату.

Всех, кроме самого доктора Светиловича, заставили перейти в столовую. В столовой было теперь тесно и неловко. У обеих дверей, — из передней и из гостиной, — и в каждом углу стояли вооруженные городовые. Их лица были тупы, и вооружение их было не нужно в нелепо в этой мирной обстановке, — но от этого положение гостей было еще неприятнее.

Сыщик время от времени выглядывал из двери в гостиную. Он всматривался в лица. На его гнусном, белобрысом лице было такое выражение, точно он нюхает воздух.

В гостиной жандармский полковник говорил доктору Светиловичу:

— А теперь потрудитесь сказать мне, господин Светилович, с какою целью вы устроили у себя это собрание.

Доктор Светилович с ироническою улыбкою отвечал:

— С целью потанцевать и поужинать, больше ничего. Кажется, вы сами видите, что здесь все мирный народ.

Полковник говорил отрывистым, грубоватым тоном:

— Хорошо-с. Известны вам имена и фамилии всех собравшихся здесь с указанною вами целью?

Доктор Светилович с удивлением пожал плечами, и сказал:

— Конечно, известны! Как же мне не знать моих гостей! Я думаю, и вы многих из них знаете. Полковник попросил:

— Будьте любезны назвать мне всех ваших гостей.

Он вынул из портфеля лист бумаги, и положил его на рояль. Доктор Светилович называл имена гостей, полковник их записывал. Когда доктор Светилович замолчал, полковник спросил лаконично:

— Все?

Доктор Светилович так же коротко ответил:

— Все.

— Покажите ваш кабинет, — сказал полковник.

Вошли в кабинет, и все там перерыли. Перерыли библиотеку, письменный стол. Интересовались письмами. Полковник требовал:

— Откройте шкапы. Ящики.

Доктор Светилович отвечал:

— Ключи, как вы видите, на месте, в замках.

Он заложил руки в карман, и стоял у окна.

— Потрудитесь сами открыть, — сказал полковник.

Доктор Светилович возразил:

— Не могу. Я не считаю себя обязанным помогать вам в производстве обысков.

Гордость наполняла его кадетскую душу. Он чувствовал, что ведет себя корректно и доблестно. Ну что ж! — непрошеные гости и сами все открыли, и везде шарили. Околоточный

128

отбирал книги, которые казались подозрительными. Отобрали несколько книг, которые были напечатаны в России открыто, и так же открыто продавались. Брали книги совершенно невинного содержания только потому, что в их названиях чудилось что-то крамольное.

Жандармский полковник объявил:

— Переписку и рукописи возьмем.

Доктор Светилович сказал досадливо:

— Уверяю вас, здесь нет ничего преступного. А рукописи мне очень нужны для работ. .

— Рассмотрим, — сухо сказал полковник. — Не беспокойтесь, все будет в сохранности.

Потом перерыли все другие комнаты. Рылись даже в постелях, — нет ли оружия.

Вернувшись в кабинет, жандармский полковник сказал доктору Светиловичу:

— Ну-с, теперь потрудитесь показать нам бумаги стачечного комитета.

— Таких бумаг у меня нет, — возразил доктор Светилович.

Полковник сказал очень значительно:

— Так-с! Ну-с, господин Светилович, скажите нам прямо, где у вас спрятано оружие.

— Какое оружие? — с удивлением спросил доктор Светилович.

Полковник отвечал с ироническою усмешкою:

— Всякое, какое у вас есть, — револьверы, бомбы, пулеметы.

Доктор Светилович засмеялся и сказал:

— Никакого оружия у меня нет. Я даже с ружьем не охочусь, — какое у меня может быть оружие.

— Поищем, — многозначительно сказал полковник.

Перерыли весь дом. Конечно, не нашли никакого оружия.

В это время в столовой Триродов, читал стихи, свои и чужие. Городовые тупо слушали. Они ничего не понимали, ждали, не раздадутся ли крамольные слова, но таких слов не дождались.

Полицейский пристав вышел в столовую. Все опасливо смотрели на него. Он сказал торжественно, словно возвещая начало полезного и важного дела:

— Господа, теперь мы должны подвергнуть всех присутствующих личному обыску. Пожалуйста, по одному. Вот вы пожалуйте, — обратился он к инженеру.

На лице полицейского пристава изображалось сознание собственного достоинства. Движения его были уверенны и значительны. Было очевидно, что он не только не стыдится того, что говорит и делает, но даже не понимает, что этого следует стыдиться. Инженер, молодой и красивый, пожал плечами, усмехнулся презрительно, и пошел в кабинет, куда показывал нескладным движением громадной ручищи с красною ладонью становой пристав.

Попадья и в столовой нашла себе кресло. Но от этого ей не было лучше. Ужасаясь в своем кресле, она дрожала, как слабый студень. Побледневшими губами шептала она распропагандированной епархиалке:

— Иринушка, голубушка, нас ведь обыскивать будут.

Епархиалка Иринушка, тоненькая, свеженькая и красная, как только что вымытая морковка, от испуга двигала ушами, — способность, которой до слез и до ссор завидовали ее подруги, — и что-то шептала попадье.

Околоточный свирепо взглянул на попадью и на епархиалку, и прокричал резким, слегка простуженным, похожим на петуший крик голосом.

— Покорнейше прошу вас не шептаться здесь.

Городовые с ружьями насторожились. Они мигом вспотели от усердия. Попадья и епархиалка помертвели от страха. Но епархиалка сейчас же и забыла свой страх, и начала кипятиться. Может быть, даже тем сильнее закипятилась, чем больше была только что испугана. Слезинки блеснули на ее глазах. На лбу и на щеках выступили маленькие капельки пота. Так покраснело лицо, что уже не на морковку, а на мокрую свеклу стала похожа рассерженная девушка. Одна в этой комнате свежо и молодо негодующая, вся занявшаяся темным пламенем гнева, воистину прекрасная в своем простодушном раздражении, она закричала:

— Вот новости! Шептаться нельзя! Что ж, вы боитесь, что мы на вас нашепчем, испортим вас?

Но в это время все кадеты, их женщины и девушки, сидевшие вокруг стола и около стен, в ужасе повернули головы к епархиалке, и все вместе зашипели на нее. Они бы замахали на нее руками, кто-нибудь из них зажал бы ей рот, — но никто из них не смел пошевелиться. Они сидели неподвижно, смотрели на епархиалку круглыми от страха глазами, и шипели.

Испугалась епархиалочка, и замолчала. Только шип был слышен в столовой. Даже городовые заулыбались дружному шипению кадет и кадеток.

Когда отшипели кадеты и кадетки, Иринушка сказала почти спокойно:

— Мы же ничего преступного не шептали. Я только сказала про вас, господин околоточный, что вы — очаровательный брюнет.

Увидев, что сестры Рамеевы смеются, Иринушка обратилась к Елисавете.

— Правда, Веточка, — спросила она, — господин околоточный — очаровательный брюнет?

Околоточный покраснел. Он не мог понять, смеется над ним эта раскрасневшаяся девушка, или говорит правду. На всякий случай он нахмурился, молодцевато закрутил свои черные усики, и воскликнул:

— Покорнейше прошу не выражаться!

Потом, дома, Иринушку много упрекали и бранили за ее нетактичный, по определению священника Закрасина, поступок. Особенно сильно сердилась попадья. Даже поплакала не раз бедная Иринушка.

Но это было потом. А теперь полицейский пристав и жандармский полковник уселись в кабинете доктора Светиловича, приглашали туда гостей по одному, выворачивали у них карманы, и забирали для чего-то письма, записки, записные книжки.

Рамеев был добродушно спокоен. Посмеивался. Триродов пытался быть спокойным, и был резок более, чем это ему хотелось.

Женщин обыскивали в спальне. Для обыскивания женщин привели бабу городовиху. Она была грязная, хитрая и льстивая. Прикосновение ее шарящих рук было противно. Елисавета при обыске чувствовала себя словно запачканною городовихиными лапами. Елена холодела от страха и отвращения.

Обысканных уже не пускали в столовую. Их выпроваживали в гостиную. Почти все обысканные были очень горды этим. У них был вид именинников.

Никого не арестовали. Принялись составлять протокол. Триродов тихо заговорил с жандармом. Жандарм шопотом ответил ему:

— Нам нельзя разговаривать. За нами подлецы шпионы следят, чтобы с кем вольным не говорил. Сейчас донесут.

— Плохо ваше дело! — сказал Триродов.

Полицейский пристав прочитал вслух протокол. Подписал его доктор Светилович, пристав и понятые.

Потом непрошеные гости ушли. А хозяева и гости званые сели ужинать.

Оказалось, что все заготовленное пиво выпито. У кого-то из

гостей пропала шапка. Он очень волновался. И все много говорили об этой шапке.

На другой день в городе было много разговоров об обыске у Светиловичей, о выпитом пиве, и особенно много о пропавшей шапке.

О пиве и о шапке немало говорилось и в газетах. Одна столичная газета посвятила украденной шапке очень горячую статью. Автор статьи делал очень широкие обобщения. Спрашивал:

"Не одна ли это из тех шапок, которыми собирались мы закидать внешнего врага? И не вся ли Россия ищет теперь пропавшую свою шапку, и не может утешиться?"

О выпитом пиве писали и говорили меньше. Это почему-то казалось не столь обидным. Ставя, по нашей общей привычке, существо выше формы, находили, что похищение шапки заслуживает больше протеста, ибо без шапки обойтись труднее, чем без пива.

ГЛАВА ДВАДЦАТЬ ЧЕТВЕРТАЯ

Один, как прежде! Вспоминал, милые вызывал в памяти черты.

Альбом, — портрет за портретом, — нагая, прекрасная, зовущая к любви, к страстным наслаждениям. Эта ли белая грудь задыхаясь замрет? Эти ли ясные очи померкнут?

— Умерла.

Триродов закрыл альбом. Долго он сидел один. Вдруг возникли, и все усиливались тревожные шорохи за стеною, — словно весь дом был наполнен тревогою тихих детей. Тихо стукнул кто-то в дверь, — и вошел Кирша, очень испуганный. Он сказал:

— Поедем в лес, скорее, миленький.

Триродов молча смотрел на него. Кирша говорил:

— Там что-то страшное. Там, у оврага за родником.

Елисаветины синие очи тихим вспыхнули огнем, а где же она? что же с нею? И в темную область страха упало сердце.

Кирша торопил. Он чуть не плакал от волнения. Поехали верхом. Спешили. Жутко боялись опоздать.

Опять был лес, тихий, темный, внимательно слушающий что-то. Елисавета шла одна, спокойная, синеокая, простая в своей простой одежде, такая сложная в стройной сложности глубоких переживаний. Она задумалась, — то вспоминала, то мечтала. Мерцали синие очи мечтами. Мечты о счастье и о любви, о тесноте объятий, с иною сплетались любовью, великою любовью, и раскалялись обе одна другою в сладкой жажде подвига и жертвы.

И о чем ни вспоминалось! О чем ни мечталось!
Острые куются клинки. Кому-то выпадет жребий.
Веет высокое знамя пустынной свободы.
Юноши, девы!
Его дом, в тайных переходах которого куются гордые планы.
Такое прекрасное окружение обнаженной красоты!
Дети в лесу, счастливые и прекрасные.
Тихие дети в его дому, светлые и милые, и такою овеянные грустью.
Кирша, странный.
Портреты первой жены. Нагая, прекрасная.
Мечтательно мерцали Елисаветины синие очи.

Отчетливо вспомнила она вчерашний вечер. — Далекая комната в доме Триродова. Собрание немногих. Долгие споры. Потом работа. Мерный стук типографской машины. Сырые листы вложены в папки. Щемилов. Елисавета. Воронок, еще кто-то, в городе разошлись по разным улицам.

Не останавливаясь, смазал лист клеем. Осмотрелся, — нет никого. Приостановиться. Быстро наложить лист смазанною поверхностью к забору, папкою наружу. Итти дальше... Сошло благополучно.

Елисавета не думала, куда шла, забыла дорогу, и зашла далеко, где еще никогда не бывала. Она мечтала, что тихие дети оберегают ее. Так доверчиво отдавалась она лесной тишине, лобзаниям влажных лесных трав, предавая обнаженные стопы, и слушала, не слушала, дремотно заслушалась.

Что-то шуршало за кустами, чьи-то легкие ноги бежали где-то за легкою зарослью.

Вдруг громкий хохот раздался над ее ухом, — таким внезапным прозвучал ярким вторжением в сладкую мечту, — как труба архангела в судный день, из милых воззывающих могил. Елисавета почувствовала на своей шее чье-то горячее дыхание. Жесткая, потная рука схватила ее за обнаженный локоть.

Словно очнулась Елисавета от сладкого сна. Испуганные внезапно подняла глаза, и стала, как очарованная. Перед нею стояли два дюжие оборванца. Оба они были совсем молодые, смазливые парни; один из них прямо красавец, смуглый, черноглазый. Оба едва прикрыты были грязными лохмотьями. В прорехи их рубищ сквозили грязные, потные, сильные тела.

Парни хохотали, и кричали нагло:

— Попалась, красотка!

— Мы тебя наласкаем, будешь помнить!

Лезли ближе и ближе, обдавая противно-горячим дыханием. Елисавета опомнилась, вырвалась быстрым движением, бросилась бежать. Страх, похожий на удивление, раскачивал гулкий колокол в ее груди, — тяжко бьющееся сердце. Он мешал бежать, острыми молоточками бил под коленки.

Парни быстро обогнали ее, загородили дорогу, стояли перед Елисаветою, и нагло хохотали, крича:

— Красавица! Не кобенься.

— Все равно не уйдешь.

Толкая один другого, они тянули Елисавету каждый к себе, и неловко возились, словно не зная, кому и как начать.

Похотливое храпение обнажало их белые, зверино крепкие зубы. Красота полуголого смуглого парня соблазняла Елисавету, — внезапный, пряный соблазн, как отрава.

Красавец хриплым от волнения голосом кричал:

— Рви на ней одежду! Пусть нагишом попляшет, наши очи порадует.

— Легонькая одежда! — с веселым хохотом ответил другой. Одною рукою он схватил широкий ворот Елисаветина платья, и рванул его вперед; другую руку, широкую, горячую и потную, запустил за ее сорочку, и мял и тискал девически упругую грудь.

— Вдвоем на одну напали, как вам не стыдно! — сказала Елисавета.

— Стыдись не стыдись, а на травку ложись, — хохоча кричал смуглый красавец.

Он ржал от радости, сверкая белыми зубами и пламенными от похоти глазами, и рвал Елисаветину одежду руками и зубами. Быстро обнажались алые и белые розы ее тела.

Страшно и противно было похотливое храпение нападающих. Страшно и противно было глядеть на их потные лица, на сверкание их ярых глаз. Но красота их соблазняла. В глубине темного сознания билась мысль — отдаться, сладко отдаться.

Платье и сорочка, легкие ткани, с еле слышным разрывались треском. Елисавета отчаянно отбивалась, и кричала что-то, — не помнила что.

Уже вся одежда на ней была изорвана, и скоро последние упали с обнаженного тела обрывки легких тканей. И в борьбе разрывались С грубым треском лохмотья на тяжело возившихся около Елисаветы парнях, опьяненных своею внезапною наготою. Нагота стремительных тел знойными соблазнами соблазняла Елисавету. Дерзкие бросила им Елисавета слова:

— Вдвоем с одною девкою не справиться!

Она была сильная и ловкая. Парням трудно было одолеть ее. Ее нагое тело извивалось и билось в их руках. Синяя дужка укуса на голом плече смуглого красавца быстро краснела. Капли темной крови брызнули на его голый торс.

— Подожди, стерва, — хрипел парень, — я тебе...

Сильные, но такие неловкие парни свирепели. Ярила и пьянила чрезмерность сопротивления, и падение разрываемых на их телах лохмотьев, и внезапная нагота их тел. Они били Елисавету, сначала кулаками, потом быстро ломаемыми и

135

оброснутыми ветвями. Острые пламена боли впивались в голое тело, — и соблазняли Елисавету жгучим соблазном сладко отдаться. Но она не поддавалась. Ее звонкие вопли разносились далеко окрест.

Уже долго длилась борьба. Уже стала слабеть Елисавета, — и не истощалась страстная ярость свирепых парней. Дикие, голые, с синими губами перекошенных ртов, с тусклыми огнями налитых кровью глаз, они клонили Елисавету к земле.

Вдруг бесшумною и легкою толпою выбежали на поляну белые, тихие мальчики, легкие, быстрые, как летний дождик. Так быстро метнулись они из-за кустов, — набросились на диких парней, — белые, бесшумные, обступили, облепили, повалили, — усыпили, оттащили в глубину темного оврага. И бессильные распростерлись на жестких травах нагие тела.

От быстрых и бесшумных движений тихих мальчиков сладкое и жуткое объяло Елисавету забвение.

Тяжелым и невероятным сном казалось ей после то, что случилось в лесной чаще, — эта внезапная и жестокая прихоть взбалмошной Айсы. И в душе надолго угнездился темный ужас, сплетенный с безумным смехом, — ликующая улыбка беспощадной иронии...

Елисавета очнулась. Качнулись над нею зеленые ветки березы, и милые, бледные лица. Она лежала на влажной траве, в белом окружении тихих мальчиков. Не сразу вспомнила она, что случилось. Непонятна была нагота, — но не стыдна.

Вот остановились глаза на чьих-то гладко причесанных, темно-русых волосах. Вспомнила, — это Клавдия, лицемерно-тихая учительница. Она стояла под деревом, сложив руки на груди, и серыми глазами, — не зависть ли мерцала в них? — смотрела на обнаженное Елисаветино тело, — и точно серый паук раскидывал над душою серую паутину тупого забвения и скучного безразличия.

Тихо сказал кто-то из мальчиков:

— Сейчас принесут одежду.

Елисавета закрыла глаза, и лежала спокойно. Голова ее слегка кружилась. Томила усталость. Лежала такая прекрасная и стройная, такая совершенная, как мечта Дон-Кихота...

Темные влачились миги, и среди них упало с вечереющего неба ясное мгновение. И мгновение стало веком, — от рождения до смерти. Утром на другой день Елисавете ясно вспомнилось течение этой странной и яркой жизни — высокий, скорбный путь, жизнь королевы Ортруды.

И когда, задыхаясь, Ортруда умирала...

Шорох легких ног по траве разбудил Елисавету. Легкие

проворные руки одели ее. Тихие мальчики помогли ей подняться. Елисавета встала, оглядела себя, — светло-зеленый хитон широкими складками обвивал ее тело, усталое тело. Елисавета подумала:

— Как дойду?

И ответом на эту мысль между деревьев показался легкий очерк шарабана. Кто-то сказал:

— Кирша довезет.

Такой знакомый и милый голос.

В странной, чужой одежде Елисавета возвращалась домой. Молча сидела она в шарабане. Триродова она так и не видела. Она хотела вспомнить. Сквозь темный ужас и безумный смех все яснее просвечивало воспоминание мгновенно пережитой иной жизни, — все яснее вспоминалась жизнь королевы Ортруды.

ГЛАВА ДВАДЦАТЬ ПЯТАЯ

У легкой ограды очарованных печалью и тайною мест стоял тихий мальчик Гриша. Такое бледное, успокоенное лицо, — такое тихое мерцание синих, небесно-синих, прохладных глаз!

Вечереющее небо синело, — разливался над миром синий покой, умиряя розовую алость заревого заката. А под синевою высокого покрова летали птицы. К чему же им крылья, — им, таким земным, озабоченным?

За легкую ограду тихого места Гришу манили ландыши благоуханием столь же невинным, как и он сам, синеглазый, тихий мальчик Гриша. Точно звал его кто-то за ограду, к этой бедной жизни, томящейся перед ним в закутанной туманною синевою дали, звал томительно и жутко, — и хотелось ему и не хотелось итти. Томно к жизни звал кто-то темным голосом.

Как же противиться темным зовам? Успокоенное сердце, когда же ты совсем забудешь и навсегда земные томления?

Вот вышел Гриша из-за легкой, расторгнутой легко ограды. Вдохнул в себя резкий, но сладкий внешний воздух. Шел тихо по дороге узкой и пыльной. Легкие за ним ложились следы, и белая в тихом движении одежда была ясна среди неяркой зелени и серой пыли, — одна ясна. Перед ним легкая, еле видимая, возносилась белая, неживая, ясная луна, бессильная очаровать скучные земные просторы.

Начинался город серый, тусклый, скучный, какой-то разваленный и бессильный, — грязные задворки, чахлые огороды, ломаные плетни, бани и сараи, шершавыми ежами торчащие невесело и некрасиво. На одном огороде у плетня стоял Егорка, одиннадцатилетний мещанкин сын. Что было красным ситцем, стало на нем рваною рубахою, а лицо — ангел в коричневой маске, покрытой пятнами грязи и пыли. Крылья бы легким ногам, — но что же может земля? только пылью и глиною приникнет к легким ногам.

Егорка вышел поиграть. Он ждал товарищей. Да почему-то нет их. Он остался вдруг один, заслушался чего-то и вдруг всмотрелся. За изгородью стоял незнакомый тихий мальчик, и смотрел на Егорку, такой весь белый. Дивился Егорка, спросил:

— Ты откуда?

— Ты не знаешь, — сказал Гриша.

— Ишь ты. Поди ж ты! — весело крикнул Егорка. — А может и знаю. Ты скажи.

— Хочешь узнать? — спросил Гриша, улыбаясь.

Спокойная улыбка, — хотел было Егорка язык высунуть, да передумал почему-то. Разговорились. Зашептали.

Все затихло вокруг, даже не вслушивалось, — словно в иной отошли мир два маленькие, за тонкую завесу, которой никому не разорвать. Так неподвижно стояли березы, — успокоили их тайным наговором три отпадшие силы. И опять спросил Гриша:

— Правда, хочешь?

— Ей-Богу хочу, вот те крест, — живою скороговоркою сказал Егорка, и перекрестился мелькающим вкривь и вкось движением сжатых в щепотку грязных маленьких пальцев.

— Иди за мною, — сказал Гриша.

Легко повернулся и пошел домой, не оглядываясь на скудные предметы серой жизни. Пошел Егорка за белым мальчиком. Тихо шел, дивясь на того другого. Думал что-то. Спросил:

— А ты, часом, не ангел Божий? Что белый-то ты такой?

Улыбнулся на эти слова тихий мальчик. Сказал, — вздохнул легонько:

— Нет, я — человек.

— Да неужто? Просто мальчишка?

— Такой же, как и ты, — почти совсем такой же.

— Чистюля-то такой? Поди, семь раз на дню яичным мылом моешься? Ишь, босой шлепаешь, ни как и я, а загар к тебе не липнет, только пылькой ноги заволок.

Пахло откуда-то тихою фиалкою, в был в воздухе сухой запах пыли, и надоедливо носился сладковато-горький дух, гарь лесного пожара.

Мальчики миновали скучное однообразие полей и дорог, и пошли в сумрачной тишине леса. Раскрывались поляны и рощи, ручьи звенели в тихих берегах. Мальчики шли по дорожкам и тропинками, где сладкие росы приникали к ногам. И все окрест преображалось дивно перед Егоркиными глазами, отпадая от ярого буйства злой, но все-таки серой и плоской жизни. Длилось, убегая и сгорая, время, свитое в сладостное кружение милых мгновений, — и казалось Егорке, что забрел он в неведомые страны. Спал где-то ночью, — радостный просыпался, разбуженный влажными щебетаниями птиц, отрясающих раннюю росу с гибких ветвей, — играл с веселыми мальчиками, — музыку слушал.

Иногда белый мальчик Гриша отходил от Егорки. Потом опять появлялся. Егорка заметил, что Гриша держится отдельно от других, веселых, шумных детей, — не играет с ними, говорит мало, не то, что боится или сторонится, а как-то само собою выходит, что он отдельно, один, светлый и грустный.

Вот Егорка и Гриша остались одни, пошли вдвоем. Был лесок, весь сквозь пронизанный светом. И все сгущался лес.

Стояли два дерева, очень прямые и высокие. Между ними — бронзовый прут, на пруте, на кольцах, алая шелковая занавеска. Легкий ветер колыхал ее тонкие складки. Тихий мальчик, синеглазый Гриша, отдернул занавеску. С легким, свистящим шелестом свились ее алые складки, словно сгорая. Открылась лесная даль, вся пронизанная странно-ясным светом, как обещание преображенной земли. Гриша сказал:

— Иди, Егорушка, — там хорошо.

Егорка всматривался в ясные лесные дали, — страх приник к его сердцу, и тихо сказал Егорка:

— Боюсь.

— Чего ты боишься, глупенький? — ласково спросил Гриша.

— Не знаю. Чего-то боязно, — робко говорил Егорка.

Опечалился Гриша. Тихо вздохнул. Сказал:

— Ну, иди себе домой, коли у нас боишься.

Егорка вспомнил дом, мать, город. Не очень-то весело жилось дома Егорке, — нищета, колотушки. Вдруг бросился Егорка к тихому Грише, ухватился за его легкие, прохладные руки, завопил:

— Не гони, миленький, не гони ты меня от себя!

— Да разве я тебя гоню! — возразил Гриша. — Ты сам не хочешь.

Егорка стал на колени и, целуя легкие Гришины ноги, шептал:

— Вам, государям ангелам, от поту лица своего молюсь.

— Иди же за мною, — сказал Гриша.

Легкие руки легли на Егоркины плечи, и подняли его от тихих трав. Егорка послушно пошел за Гришею, к синему раю его тихих глаз. Перед ним открылась успокоенная долина, и на ней тихие дети. Сладкая роса падала на Егоркины ноги, и радостны были ее поцелуи. А тихие дети окружили Егорку и Гришу, в широкий стали круг, и увлекли их в легком круговом движении хоровода.

— Государи мои ангелы, — вскрикивал Егорка, кружась и ликуя, — личики ваши светленькие, оченьки ваши ясненькие, рученьки ваши беленькие, ноженьки ваши легонькие! Ништо я на земле, ништо я в раю? Голубчики, братики и сестрицы, где же ваши крылышки?

Чей-то близкий, сладко-звенящий голос отвечал ему:

— Ты на земле, не в раю, а крыльев нам не надобно, мы летим и безкрылые.

Увлекли, чаровали, ласкали. Показали ему все лесные дива под пенечками, под кусточками, под сухими листочками, — нежитей лесных маленьких с голосочками шелестиниыми, с волосочками паутинными, — пряменьких и горбатеньких, — лесных старичков, — последышей и попутников, — зоев пересмешников в кафтанах зелененьких, — полуночников и полуденников, черных и серых, — жутиков-шутиков с цепкими лапками, — невиданных птиц и зверей, — все, чего нет в дневном, земном, темном мире.

Загостился Егорка у тихих детей. Не заметил, как целая неделя прошла, с пятницы до пятницы. И вдруг встосковался по матери. Точно зов ее услышал ночью, и проснулся тревожный, и звал:

— Мама, где ты?

А кругом тишина и молчание, неведомый мир. Егорка заплакал. Пришли тихие дети утешать. Сказали:

— Так что ж, вернись к матери. Обрадуется. Приласкает.

— А то ни прибьет, — всхлипывая, говорил Егорка.

Улыбались тихие дети, говорили:

— Отцы и матери бьют своих детей.

— Им это нравится.

— Бьют, точно злые.

— Но они добрые.

— Бьют любя.

— У людей это вместе, — стыд, любовь, боль.

— Да ты не бойся, Егорушка, — мать.

— Да ладно, я не боюсь, — говорил утешенный Егорка.

Когда Егорка прощался с тихими детьми, Гриша сказал ему:

— Ты бы матери лучше не сказывал, где пропадал столько времени.

— А вот не скажу, — живо ответил Егорка, — ни за что не скажу.

— Ты проболтаешься, — сказала одна из девочек.

У нее были черные, словно бездонные глаза; ее тонкие голенькие руки всегда были упрямо сжаты на груди, она говорила еще меньше, чем другие тихие дети, и изо всех людских слов больше всего нравилось ей слово нет.

— А вот-то и не проболтаюсь, — спорил Егорка, — а ни вовеки не проболтаюсь, никому не скажу где был, и тем моим словам ключ и замок.

В тот же вечер, как ушел Егорка с Гришею, мать хватилась его. Кликала долго, браня и угрожая. Не докликалась, испугалась, — "не утонул ли?". Бегала по соседям, плакала, жаловалась.

— Пропал мальчишка. Пропал, да и пропал. И ума не приложу, где искать. А ни то в реке утонул, а ни то в колодец ввалился, пострел.

Кто-то из соседей догадался:

— Жиды поймали, заперли куда ни есть в глухое место, а потом христианскую кровь выпустят и выпьют.

Догадка понравилась. И уже говорили уверенно:

— Никто, как жиды.

— Уж опять это они, проклятые.

— Да уж не без них.

— Уж это такое дело.

И верили. По городу разнесся тревожный слух: евреи украли христианского мальчика. Распространением этого слуха усердно занялся Остров. И уже на базарах поднялись шумные толки. Лобазники и торгаши орали громче всех, подзуживаемые Островым. А он зачем это делал? Знал, конечно, что это ложь. Но он в последние дни занимался провокацией по указаниям местного отдела черносотенного союза. Этот случай пришелся очень кстати.

Полиция принялась за дело. Искали мальчика, и не нашли. Зато разыскали еврея, которого кто-то видел около огорода Егоркиной матери. Его арестовали.

Опять был вечер. Егоркина мать была дома, когда Егорка вернулся. Грустный и светлый, подошел он к матери, поцеловал ее, и сказал:

— Здравствуй, мама.

Мать накинулась на Егорку с расспросами:

— Ах ты стервеныш! Где ты был? что ты делал? где тебя нечистая сила носила?

Егорка помнил обещание. Стоял перед матерью, и упрямо молчал. Мать сердито спрашивала:

— Да где был-то, говори! Жиды тебя, что ли, распинали?

— Нет, — сказал Егорка, — какие жиды! Никто меня не распинал.

Мать яростно закричала:

— Ну, подожди ж ты у меня, пострел неоколоченный! Ужо я тебя разговорю.

Она схватила веник, принялась одергивать прутья, сорвала с мальчика его легонькую одежонку. Грустный и светлый, Егорка вскинул на мать удивленные глаза. Вскрикнул жалобно:

142

— Мама, что ты?

Но, уже захваченное жесткою рукою, забилось маленькое, омытое тихими водами, тело на коленях свирепо кричащей женщины. Было больно, и тонким голоском вопил Егорка. Мать стегала его долго и больно, кричала в лад ударам:

— Говори, где был! Говори! Задеру, коли не скажешь! Наконец бросила, заплакала, завопила неистово:

— За что меня Бог наказывает? Да нет, я из тебя слова-то выбью. Я еще завтра за тебя возьмусь поплотнее.

Не столько болью, сколько неожиданною грубостью встречи был потрясен Егорка. Уже он прикоснулся к иному миру, и уже тихие дети в очарованной долине перестроили его душу на иной лад.

Однако, мать любила его. Конечно, любила. Потому со зла и выдрала. У людей это всегда вместе, — любовь и жестокость. Им нравится мучить, им сладостна месть. А потом пожалела мать Егорку. Думала, что уже не слишком ли больно порола. И уж без криков подошла к Егорке.

Он лежал на скамеечке, и тихо скулил. Потом затих. Мать неловко, шершавыми руками, погладила его спину, и отошла. Думала, — заснул.

Утром мать побудила Егорку. Но холодный и неподвижный лежал он на скамеечке, лицом вниз. И уже не казался он светлым, — лежал темным и холодным трупом. И взвыла в ужасе мать:

— Умер! Егорушка, да ништо ты умер! Ой, горюшко, — уж и рученьки холодные.

Метнулась к соседкам, весь околоток наполнила визгливым воем, всполошила всех окрест. Любопытные женщины набились в ее дом.

— Только тоненькой вичкой постегала легохонько, — слышался вопль матери, — лег он, мой голубчик, на лавочку, поплакал, затих, заснул, что ли, а к утру Богу душеньку отдал.

Окованный смертным тяжелым сном, лежал Егорка, неподвижный, и слушал материн вопль и нестройный гул голосов. И слышал, как мать причитала над ним:

— Всю кровь у него высосали проклятые жиды! Да так ли я его прежде, голубчика моего, парывала! Бывало, попорешь с солью посолишь, и все ничего, — а тут маленькою вичкою, а он, ненаглядный мой светик, ангелочек мой... Слушал Егорка ее вой, и дивился своей тяжелой скованности и неподвижности. Точно стук чужого тела услышал он, — догадался, — на пол положили, мыть. Так хотелось пошевелиться, встать, — не мог. И думал:

143

"Умер, — куда ж теперь меня определят?". И опять думал: "А что же душа с телом не разлучается? Ни рук, ни ног не чую, а слышу".

И дивился, и ждал. А то вдруг бессильным напряжением воли пытался проснуться от смертного сна, вернуться, убежать от темной могилы, — и опять бессильная никла воля, и снова он ждал.

И слышал звуки отпевания, и вспоминал, как синь дымок от ладана, и как пахуч в звенящих тихо взмахах дымного кадила.

ГЛАВА ДВАДЦАТЬ ШЕСТАЯ

Егорку похоронили. Мать повыла над его могилою протяжно и долго, и пошла домой. Она была уверена, что мальчишке там будет много лучше, чем на земле, и утешалась. А истинно русские люди, Кербах, Остров и другие такие же, не могли на этом успокоиться. Они распускали злые слухи. Пошла молва:

— Жиды замучили христианского мальчика. Всего изрезали ножами, из крови мацу сделали.

Клеветников не останавливало то соображение, что еврейская пасха была гораздо раньше, чем убежал от матери Егорка.

В городе волновались, — и те, кто верил, и те, кто не верил. Требовали следствия и разрытия могилы.

Елисавета пришла к Триродову днем, и оставалась долго. Триродов показывал ей свою колонию. Тихий мальчик Гриша сопровождал их, синими покоями своих глаз смотрел бесстрастно в синие пламена ее восхищенных глаз, и смирял знойность и страстность ее волнений.

Ее легкое, просторное платье казалось прозрачным, — так ясны были под ним совершенные очертания тела; были открыты алые и белые розы ее груди, плеч. Загорелые стопы ее ног были обнажены, — она любила нежные прикосновения трав и земли.

Все было как рай, — щебетанье птиц, и детские гамы, и шорох ветра в травах и ветвях, и ропот лесного ручья. Все было невинно, как рай, — нагие встречались девушки, подходили, разговаривали, и не стыдились. Все было чисто, как рай. И безоблачно яснело над лесными полянами небо.

Уже когда день клонился к вечеру, Елисавета сидела у Триродова. Они читали стихи. Еще и раньше. Елисавета любила стихи. Кому же их и любить, как не девушкам? Теперь она читала их жадно. Целые часы пролетали в чтении, и стихи рождали в ней сладкие и горькие восторги и знойные сны.

Может быть, это было потому, что она влюбилась, и знойные рождались в ней мечты. Влюбилась, новое нашла себе солнце, и новый повела вкруг него хоровод мечтаний, надежд, печалей, радостей, очарований и восторгов. И, окрашенный радугою сияний одного светила, был многозвучен и целен этот хоровод, этот пламенный круг стремительных томлений.

В стихи новых поэтов влюбил ее Триродов. Сладостные

очарования и горестные разочарования томительно чудились ей в хрупкой музыке новых стихов, написанных сладко и неверно, легких и прозрачных, как те платья, которые она теперь полюбила носить.

Когда так созвучны стали их души, как же им было не любить друг друга?

Были стихи, которые они читали, сладкою мечтою о любви. Триродов говорил:

— Влюбленность говорить миру нет, лирическое нет, — женитьба говорит ему да, ироническое да. Быть влюбленным, стремиться, не иметь — это лирика любви, сладкая, но обманчивая. Внешним образом противоречит она миру, и утаивает его роковой разлад. Быть вместе, обладать, сказать, кому-то да, отдаться, — вот путь, на котором жизнь обличит свои непримиримые противоречия. И как быть вместе, когда мы так одиноки? и как отдаться? Спадают маска за маскою, и ужасен раздвоенный лик подлинного бытия. Приходит скука, — и что же ты, влюбленность, ты, которая похвалялась быть сильнее смерти?

— У вас была жена, — сказала Елисавета. — Вы ее любили. Все напоминает здесь о ней. Она была прекрасная.

Ее голос стал темен, и ревнивым огнем зажглись синие зарницы за влагою ресниц. Триродов улыбнулся, и сказал печально:

— Прежде, чем настала пора притти скуке, она отошла от жизни. Моя Дульцинея не хотела стать Альдонсою.

— Дульцинею любят, — говорила Елисавета, — но полнота жизни принадлежит Альдонсе, становящейся Дульцинеею.

— А хочет ли этого она, Альдонса? — спросил Триродов. Нежно зардевшись, говорила Елисавета:

— Хочет, но не может. Хочет, но не умеет. А мы ей поможем, мы ее научим.

Триродов улыбался ласково и грустно. Говорил:

— А он, как вечный Дон-Кихот, всегда ищет Дульцинею. И что же ему земная Альдонса, бедная, ужаленная мечтою о красоте?

— Он ее за то и полюбит, — отвечала Елисавета, — что она бедная, ужаленная высокою мечтою о красоте. Союз их будет — творимая красота...

Наступила ночь: сумраки прильнули к окнам, и шептались прозрачными, жуткими голосами. Триродов подошел к окну, Елисавета стала рядом с ним, — и точно одним сразу взором оба они увидели далекое, смутное кладбище. Триродов тихо сказал:

— Там его похоронили. Но он встанет.

Елисавета посмотрела на него с удивлением, и тихо спросила:

— Кто?

Триродов взглянул на нее, как разбуженный. Сказал так же тихо и медленно:

— Он, еще не живший и непорочный отрок. В теле его все возможности, и ни одного свершения. Он, как созданный для принятия всякой энергии, которая к нему захочет устремиться. Теперь он спит, зарытый в могилу в тесном гробу. Он проснется для жизни, лишенной страстей и желаний, для ясного видения и слышания, для восстановления единой воли.

— Когда он проснется? — спросила Елисавета.

— Когда я захочу, — сказал Триродов. — Я его разбужу. Звук его голоса был грустен и настойчив, — как звук заклинания.

— Сегодня ночью? — спросила Елисавета.

— Если вы хотите, — спокойно ответил Триродов.

— Я должна уйти? — опять спросила она.

— Да, — так же просто и спокойно ответил он. Простились, — она ушла. Триродов опять подошел к окну. Он звал кого-то, чаруя, будил, шептал:

— Ты проснешься, милый. Проснись, встань, приди ко мне. Приди ко мне. Я открою твои глаза, — и увидишь, чего не видел доныне. Я открою твой слух, — и услышишь, чего не слышал доныне. Ты из земли, — не разлучу тебя с землею. Ты от меня, ты — мой; ты — я, приди ко мне. Проснись!

Он уверенно ждал. Знал, что когда спящий проснется в гробу, они придут и скажут, знающие и невинные.

Тихо вошел в комнату Кирша. Он стал рядом с отцом, и спросил:

— На кладбище смотришь?

Триродов молча положил руки на его голову. Кирша говорил:

— Там, в одной из могил, есть мальчик, который не умер.

— А ты откуда знаешь? — спросил Триродов. Но знал, что ответит Кирша. Кирша сказал:

— Гриша говорил мне, что Егорка не вовсе умер. Он спит. А он проснется?

— Да, — сказал Триродов.

— И придет к тебе? — спросил Кирша.

— Да, — отвечал Триродов.

— А когда он придет? — опять спросил Кирша. Триродов улыбнулся. Сказал:

— Разбуди Гришу, спроси его, просыпается ли спящий в могиле.

Кирша ушел. Триродов молча смотрел на далекое кладбище, где темная, тоскуя у крестов, к могилам никла опечаленная ночь.

О, где же ты, обрадованная?

А за дверями тихий слышался шорох, — домашние двигались тихо у стен, и шептали, и ждали.

Разбуженный далеким, тихим стоном, встал Гриша. Вышел в сад, подошел к ограде, стоял с опущенными глазами, и слушал. Улыбался, но без радости. Кто знает, тот как обрадуется?

Кирша подошел к нему. Спросил:

— Жив? Проснулся?

Кивнул головою по направлению к кладбищу.

— Да, — сказал Гриша. — Стонет Егорушка в своей могиле, живой, тихий; только что проснулся.

Кирша побежал в дом, к отцу, повторил ему Гришины слова.

— Надо спешить, — сказал Триродов.

Он опять почувствовал знакомое издавна волнение. В нем совершались тяжело и неровно приливы и отливы какой-то странной силы. Какая-то дивная энергия, собранная им одному ему знакомым

способом, теперь медленно источалась из него. Между ним и могилою, где смертным сном томился отошедший от жизни отрок, пробегал тайный ток, чаруя и пробуждая спящего в гробу.

Триродов быстро спустился по лестнице в тот покой, где спали тихие дети. Легкие шаги его были едва слышны, и холод дощатого пола приникал к его ногам. На своих постелях неподвижно лежали тихие дети, и словно не дышали. Казалось, что их много, и что спят они вечно в нескончаемом сумраке тихой опочивальни.

Семь раз останавливался Триродов, — и каждый раз от одного его взгляда пробуждался спящий. И встали три мальчика и четыре девочки. Они стояли спокойно, смотрели на Триродова, и ждали, Триродов сказал им:

— Идите за мною.

Они пошли за ним, белые, тихие — и тихий шорох легких шагов влекся за ними.

В саду ждал Кирша, — и рядом с белыми тихими детьми казался земным и темным.

Быстро, как скользящие ночные тени, шли по Навьей

тропе, друг за другом, все десять, впереди Гриша. Роса падала на их голые ноги, в земля под ногами была мягкая, теплая и грустная.

Егорка проснулся в могиле. Было темно, немного душно. Голову давила какая-то тяжесть. В ушах звучал настойчивый зов:

— Встань, приди ко мне.

Приступами томил страх. Глаза смотрели, и не видели. Трудно дышать. Вспоминается что-то, и все, что вспоминается, страшно, как бред. Вдруг ясное сознание, — ужаснувшая мысль: "Я в могиле, в гробу".

Застонал, забился. Шея, словно сжатая чьими-то пальцами, судорожно сжималась. Глаза широко раскрылись, — и перед ними метался пламенный мрак заколоченного гроба. Звучали наверху тихие голоса, и земля пересыпалась. Мечась в тесноте гроба, томимый ужасом, Егорушка стонал, и шептал глухим голосом:

— Три жировика, три лесовика, три отпадшие силы!

Калитка на кладбище была почему-то открыта. Триродов и дети вошли на кладбище. Здесь были бедные могилы, — дерновые насыпи, деревянные мостки. Было сумрачно, сыро, тихо. Пахло травою, — тихою мечтою кладбищ. В мглистом тумане белели кресты. Жуткая тишина таилась, и все пространство кладбища казалось полным темною мечтою почивших. Сладко и больно переживались жуткие ощущения.

Нигде так близко не чувствуется земля, как на кладбищах, — святая земля успокоения. Тихо шли все десять, один за другим, грустную, мягкую под холодающими голыми ногами ощущая землю. Остановились около могилы. Тих и беден был маленький холмик, и казалось, что земля плачет, стонет и томится.

Смутно белея в темноте над комьями черной земли, мальчики раскапывали могилу. Девочки тихо стояли, — четыре по четырем сторонам, — чутко вслушиваясь в ночную тишину. Спали сторожа, как мертвые, и мертвые спали, сторожа бессильно свои гробы.

Медленно открылся бедный гробик. Явствен стал тихий стон. Уже в глубине могилы были мальчики. Наклонились к бедному маленькому гробу. Еще землею полузасыпан был гроб, но уже мальчики чувствовали под ногами дрожание его крышки. Крышка, забитая гвоздями, легко поддалась усилиям маленьких детских рук, и отвалилась на сторону, к земляному боку могилы. Гроб раскрылся так же просто, как открывается всякий дом.

Егорка уже терял сознание. Мальчики увидели его лежащего на боку. Он слабо зашевелился. Втягивал воздух короткими, точно всхлипывающими, вздохами. Дрогнул. Опрокинулся на спину.

Свежий воздух пахнул в его лицо, как юный восторг освобождения. Вдруг мгновение радости, — и оно погасло. О чем же радоваться? Спокойные и нерадостные склонились над ним.

Опять жить? Стало в душе странно, тихо, равнодушно. Тихо говорил кто-то ласковый над ним:

— Встань, милый, иди к нам, мы тебе покажем то, чего ты не видел, и научим тебя тому, что тайно.

Звезды далекого неба прямо глядели в глаза, — и близкие чьи-то склонились любовно глаза. Протянулись руки, руки, много рук нежных и прохладных, — взяли, подняли, вынули.

Стоял в кругу. Смотрели на него. Руки у него опять сложились на груди, как в могиле, — точно навеки усвоилась привычка. Одна из девочек поправила, распрямила руки.

Вдруг спросил Егорка:

— Это что ж? — могилка?

Гриша ответил ему:

— Это твоя могила, а ты с нами будешь, и с нашим господином.

— А могила? — спросил Егорка.

— Мы ее засыплем, — отвечал Гриша.

Мальчики принялись засыпать могилу. Тихо дивясь, смотрел Егорка, как в могилу падали комья земли, как рос могильный холмик. Заровняли землю, крест поставили на прежнее место. Егорка подошел, прочел надпись на кресте. Странно было читать свое имя:

Отрок Георгий Антипов.

Год, месяц и число смерти.

"Это я?" — подумал он.

Дивился слабо, — но уже вещее равнодушие заполняло душу.

Кто-то тронул его за плечо: спросил что-то. Егорка молчал. Казалось, что он что-то понял.

— Иди ко мне, — тихо сказал ему Триродов.

Девочка, которая всегда говорила нет, взяла Егорку за руку, и повела его. Ушли, тою же прошли дорогою. Тишина смыкалась за ними.

С тихими детьми остался Егорка. У него не было паспорта, и жизнь его была иная.

ГЛАВА ДВАДЦАТЬ СЕДЬМАЯ

Триродов возвратился домой. Как возвращаются из могилы, так легко и радостно было ему. Восторгом и решительностью горело его сердце. Сегодняшний разговор с Елисаветою вспоминался ему. Возникала радостная, гордая мечта о преображении жизни силою творящего искусства, о жизни творимой по гордой воле.

Если возникло то, что было или казалось любовью, зачем противиться ему? Ложь или правда чувства, — не все ли равно? Воля, вознесенная над миром определить все, как хочет. И над бессилием утомленного чувства властна она воздвигнуть сладостную любовь.

То, что долго взвешивалось на весах сознания, то, что долго и глухо боролось в темной области бессознательного, теперь становилось к ясному решению. И пусть будет сказано да. Еще раз да. Для нового ли крушения? Для светлого ли торжества? Все равно. Лишь бы верить ей, лишь бы она верила ему. А настолько уже они сблизились друг с другом.

Триродов сел к столу. Улыбаясь, задумался ненадолго. Быстро на светло-синем листе бумаги написал:

"Елисавета, я хочу твоей любви. Люби меня, милая, люби. Я забываю все мое знание, отвергаю все мои сомнения, я становлюсь опять простым и кротким, как причастник светлого царства, как мои милые дети, — и только хочу твоей близости и твоих поцелуев. По земле, милой нашему сердцу, пройду в простоте и радостном смирении необутыми ногами, как ты, чтобы притти к тебе, как ты ко мне приходишь. Люби меня.

Твой Георгий".

За дверями слышался легкий шорох. Казалось, весь дом был наполнен тихими детьми.

Триродов запечатал письмо. Захотел отнести его сейчас же, и положить на подоконник ее открытого окна. Он тихо шел, погружаясь в сумраки леса, — и приникали к его ногам теплые мхи, и орошенные травы, и земля, простая, суровая, милая. Над влажными веяниями ночи и над свежею прохладою с реки поднимался порою снова надоедливый, сладковатый запах лесной гари.

Елисавета не могла заснуть. Встала с постели. Стояла у окна, предавая прозрачным объятиям ночной прохлады

151

знойное, обнаженное тело. Думала о чем-то, мечтала. И все думы и мечты сливались в один хоровод вокруг Триродова.

"Ждал ли? Он, усталый и грустный, не скажет сладких слов, чтобы не быть смешным, не получить холодного ответа.

И зачем ждать? Или не смею, как царица, решать свою судьбу, звать к себе, и любви требовать? Зачем стану молчать?". И решилась:

"Скажу сама, — люблю, люблю, приди ко мне, люби меня".

Елисавета шептала сладкие слова, ночному молчанию доверяя тайну знойных мечтаний. Пламенны были черные очи ночной гостьи, приносящей отравленные соблазнами мечты. Плескучий, тихий смех русалки за осокою под луною сливался с тихим, сладким смехом ночной очаровательницы, у которой пламенные очи, пылающие уста, и свитое из белых огней обнаженное тело. Ее пламенное тело было подобно телу Елисаветы, и черные молнии глаз неведомой чародейки были подобны синим молниям Елисаветиных глаз. Она соблазняла, и звала:

— Иди к нему, иди. У его ног упади нагая, целуй его ноги, смейся ему, пляши для него, измучь себя для его забавы, будь ему рабою, будь вещью в его руках, — и прильни, и целуй, и смотрись в его очи, и отдайся ему, отдайся ему. Иди, иди, спеши, беги. Вот он подходит, — видишь, это он вышел из леса, — видишь, на траве белеют его ноги. Распахни дверь, оставь здесь одежды, беги нагая ему навстречу.

Елисавета увидела Триродова. Так больно и сладко забилось сердце. Она отошла от окна. Ждала. Слышала его шаги на песке под окнами. Что-то мелькнуло в окне, и упало на пол. Шаги удалились.

Елисавета подняла письмо, зажгла свечу, прочла синий, милый листок бумаги. Шептала ей ночная очаровательница:

— Он уйдет. Спеши. Ты узнаешь, как сладки первые поцелуи любви. Иди к нему, беги за ним, не ищи скучных покровов.

Елисавета порывисто распахнула дверь на балкон, и сбежала в сад по широким его ступеням. Побежала за Триродовым. Крикнула:

— Георгий!

Голос ее был звонким воплем желания и страсти. Триродов остановился, увидел ее, стремительно белую, всю ясную в ясных лучах луны, — и Елисавета упала в его объятия, и целовала его, и смеялась, и повторяла без конца:

— Люблю, люблю, люблю.

И целовались, и смеялись, и говорили что-то. Были

радостны и чисты несмятые, алые и белые розы ее стройного, сильного тела. Все, что они говорили, было свято и чисто. Перед непорочною луною в блистании очей и звезд ночной тишине и ночному мраку они сказали слова, связывающие их в одну черту. Клятва и обряд, не менее прочные, чем всякие иные. Улыбки, поцелуи, нежные слова — вечный обряд, вечная тайна.

Небо светлело, и новые новым утром пали росы, и отгорел восторг зари, и солнце встало, — и только тогда они расстались.

Елисавета вернулась к себе. Но как уснуть? Пришла к Елене. Елена уже проснулась. Елисавета легла с нею рядом под ее одеяло, и говорила ей о любви своей и о своем восторге. Елена радовалась, смеялась, целовала сестру без конца.

Потом Елисавета надела утреннее платье, и пошла к отцу, — рассказать ему о своей радости, о своем счастье.

А Триродов, томимый утреннею усталостью, шел домой по холодным росам, — и в душе его были недоумение и страх.

Днем Триродов приехал к Рамеевым. Он привез в подарок Елисавете сделанный им самим фотографический снимок с его первой жены, — на обнаженном теле бронзовый пояс, соединенный спереди спускающимися до колен концами; на черных волосах узкий золотой обруч. Тонкое, стройное тело, — грустная улыбка, — безрадостно темные глаза.

— Отец знает, — сказала Елисавета. — Отец рад. Пойдем к нему.

Когда Елисавета и Триродов опять остались одни, что-то темное вспомнилось Елисавете. Она опечалилась, подумала, вспомнила, спросила:

— А спящий в гробе?

— Проснулся, — ответил Триродов. — Он в моем доме. Мы откопали его кстати, чтобы спасти мать от угрызений совести.

— Почему? — спросила Елисавета.

Триродов рассказывал:

— Сегодня утром судебный следователь раскрыл могилу. Нашли пустой гроб. К счастью, я узнал вовремя, прежде, чем могли возникнуть новые глупые толки, и дал им объяснения.

— А мальчик? — спросила Елисавета.

— Останется у меня. К матери он не хочет, матери он не нужен, мать получит за него деньги.

Все это Триродов говорил сухим, холодным тоном.

Весть о том, что Елисавета будет женою Триродова, очень различно подействовала на ее родных. Рамеев любил Триродова, и потому был рад сближению с ним; немножко жалел Петра, но и радовался, что его неопределенное положение выяснилось, и что уже он не будет томиться надеждами, которым не сбыться. Но все-таки Рамеев был взволнован почему-то.

Елена любила Елисавету и радовалась ее радости; любила Петра, — и потому радовалась еще более; жалела его, — и потому любила еще более; и так любила, и так надеялась на его любовь, что и жалость ее к нему была ясна и светла. Смотрела на Петра глазами влюбляющими, нежными.

Петр был в мрачном отчаянии. Но Еленины глаза сладко волновали его. Измученное сердце жаждало новой любви, и смертельно тосковало по обманувшей надежде.

Миша был странно взволнован. Краснел, чаще обыкновенного убегал на речку поудить, плакал. А то порывисто обнимал Елисавету или Триродова. Он смутно догадывался, что влюбился в Елисавету. Было стыдно и горько. Знал, что Елисавета и не подозревает об его любви, и смотрят еще на него, как на ребенка. Иногда начинал бессильно ненавидеть ее. Говорил Петру:

— Я бы на твоем месте не вешал носа. Она не стоит, чтобы ты ее любил. Гордячка. Елена гораздо лучше. Елена милая, а та воображает что-то.

Петр молчал, и уходил от него. И то хоть хорошо, что не бранился, и было с кем отвести душу. Быть с Елисаветою и хотелось Мише, и было стыдно, и тяжело.

Мисс Гаррисон не выражала своего мнения. Она уже многим была шокирована, и привыкла ко всему здесь относиться равнодушно. Триродов в ее глазах был авантюрист, человек с сомнительною репутацею и с темным прошлым.

Спокойнее всех была Елисавета.

Мрачный вид Петра угнетал Рамеева. Захотелось Рамееву утешить его хоть словами. Что ж, люди и в слова верят! Лишь бы верить.

Рамеев и Петр случайно остались одни. Рамеев сказал:

— Признаться, я прежде думал, что Елисавета любит тебя. Или полюбит, если ты крепко этого захочешь.

Петр сказал, грустно улыбаясь:

— Ошибка, стало быть, извинительная и мне. Тем более, что у господина Триродова нет недостатка в любовницах.

— Ошибки всем извинительны, — спокойно возразил Рамеев. — Хотя и горьки иногда.

Петр промычал что-то. Рамеев продолжал:

— Но я внимательно наблюдал Елисавету в последнее время. И вот что я скажу, — ты уж меня извини за откровенность, — теперь я думаю, что с Еленою тебе лучше будет сойтись. Может быть, ты и в своем чувстве заблуждался.

Петр горько усмехнулся. Сказал:

— Ну, конечно. Елена попроще. Не читает философских книжек, не носит слишком античных хитонов, и никого не презирает.

— Зачем сводить все на самолюбие? — возражал Рамеев. — Почему попроще? Елена вполне интеллигентная девушка, хотя и без претензий на ширину и глубину взглядов, — и она милая, добрая, веселая.

— Мне под пару? — с ироническою улыбкою спросил Петр.

— Ну, что ты! — сказал Рамеев. — Да и разве ты, кроме моих дочерей, не можешь выбрать себе в жены любую девушку?

— Где уж мне! — с унылою иронией сказал Петр.— Но я не вижу надобности настаивать. И с Еленою может повториться то же.

Она может найти более блестящего жениха. Да и шарлатанов в духе Триродова на свете немало.

— Елена тебя любит, — сказал Рамеев. — Неужели ты не заметил этого?

Петр засмеялся. Притворился веселым, — или и в самом деле вдруг стало радостно и весело вспомнить о милой Елене. Конечно, любить! Но сказал:

— Да почему ты думаешь, милый дядя, что мне во что бы то ни стало нужна жена? Бог с нею!

— Ты вообще влюблен, как бывает в твои годы, — сказал Рамеев.

— Может быть, — сказал Петр, — но выбор Елисаветы меня возмущает.

— Почему? — спросил Рамеев.

— По-многому, — отвечал Петр. — Вот он подарил ей фотографию с его покойной жены. Голая красавица. Зачем это? То, что было интимным, разве надо сделать всемирным? Ведь она для мужа открыла тело, а не для Елисаветы и не для нас.

— Этак ты и многие картины забракуешь, — возразил Рамеев.

— Я не так прост, — живо ответил Петр, — чтобы не сумел разобраться в этом вопросе. Одно дело — чистое искусство, которое всегда святое, другое дело — разжигание чувственности порнографическими картинками. И разве не замечаешь ты сам, дядя, что Елисавета отравилась этим сладким ядом, и стала слишком страстною и недостаточно скромною?

— Не нахожу этого, — сухо возразил Рамеев. — Она влюблена, — что ж с этим делать? Если в людях есть сладострастие, то что же сделать с нашею природою? Изуродовать весь мир в угоду ветхой морали?

— Дядя, я не подозревал в тебе такого аморалиста, — сказал досадливо Петр.

— Мораль морали рознь, — ответил Рамеев, словно смутясь немного. — Я не стою за распущенность, но все-таки требую свободы мнений и чувств. Свободное чувство всегда невинно.

Петр язвительно спросил:

— А эти голые девицы там в его лесу, все это тоже невинно?

— Конечно, — сказал Рамеев. — Его задача, — усыпить в человеке зверя и разбудить человека.

— Слышал я его разглагольствования, — досадливо говорил Петр, — и не верю им нисколько, и удивляюсь, как другие могут верить таким нелепостям. Не верю также ни в его поэзию, ни даже в его химию. И все-то у него секреты и тайны, какая-то хитрая механика в дверях и в коридорах. А его тихие дети, — этого я совсем не понимаю. Откуда они у него? Что он с ними делает? Тут кроется что-то скверное.

— Ну, это работа воображения, — возразил Рамеев. — Мы видим его часто, мы всегда можем притти к нему, мы не видели и не слышали в его доме и в его колонии ничего, что подтверждало бы городские басни о нем.

Петру вспомнилась вечерняя беседа с Триродовым на берегу реки. Его грустные и властные глаза вдруг зажглись в памяти Петра, — и яд его злобы смирился. Странное очарование приникло к нему, и точно твердил кто-то настойчиво и тихо, что пути Триродова правы и чисты. Петр закрыл глаза, — и предстало светлое видение: лесные нагие девы прошли перед ним длинною вереницею, осеняя его тишиною и миром непорочных очей. Петр вздохнул, и сказал тихо, точно усталый:

— Я говорю напрасно эти злые слова. Ты, может быть, и прав. Но мне так тяжело!

Этот разговор все-таки успокоительно подействовал на Петра. Мысли об Елене все чаще возвращались к нему, и все нежнее становились они.

Случилось так, что по какому-то безмолвному, но внятному сговору все старались фиксировать внимание Петра на Елене. Петр подчинялся этому общему внушению, и был с Еленою ласков и нежен. Елена радостно ждала его любви, и шептала, склоняя к русалочьему смеху тихой реки пылающее лицо и разбившиеся кудри:

— Люблю, люблю, люблю!

А когда оставалась одна с Петром, смотрела на него влюбленно испуганными глазами, вся вешне-розовая, вся трепетная ожиданием, в каждым вздохом нежной груди под легкою тканью платья, и всею жизнью знойной плоти повторяла все то же несказанное: люблю, люблю, люблю. И начал Петр понимать, что Елена суждена ему, что волей-неволей полюбит он ее. Это предчувствие новой любви было как сладко ноющая заноза в ужаленном изменою возлюбленной сердце.

ГЛАВА ДВАДЦАТЬ ВОСЬМАЯ

Местная полицейская власть не очень была искусна в уловлении разбойников и убийц. Да и не очень занималась она этим неблагодарным делом. Не до того ей было в те смутные дни. Зато она обратила свое неблагосклонное внимание на Триродовскую учебную колонию. Остров и его друзья и покровители постарались об этом.

Вокруг усадьбы Триродова зашныряли сыщики. Они принимали разные личины, и старались быть хитрыми и незаметными, но никого не могли обмануть. Скудные разумом, они исполняли свои темные обязанности без вдохновения, скучно, серо, тускло.

Скоро уже и дети научились распознавать сыщиков. Еще издали заметив подозрительного молодца, дети говорили:

— А вон идет сыщик.

Если видели его не первый раз, говорили:

— Наш сыщик.

Из чинов наружной полиции прежде всего наведался в Триродовскую колонию урядник. Был он тогда изрядно под хмельком. Это было как раз в тот самый день, когда Егорка вернулся домой, к своей матери.

Урядник вошел во внешний двор колонии, — ворота во двор были случайно открыты. Запах водки вокруг урядника был слышен издалека. Подозрительным взором неопытного соглядатая осматривал урядник сараи, ледник и кухню. Тупо дивился он чистоте двора и опрятности новых построек.

Уже собирался урядник войти в кухню, и поговорить с кем-нибудь о том, за чем его сюда послали. Вдруг он увидел молоденькую девушку, здешнюю учительницу, Зинаиду. Она неторопливо шла по двору, в белой с голубым, короткой, до колен, одежде. У Зинаиды было веселое и простодушное, загорелое лицо. Легко двигались на ходу ее сильные, нагие руки. Казалось, что она, стройная, проносится над землею без усилий, видимых взору.

Невинная открытость невинного тела возбудила, конечно, в полупьяном идиоте гнусные чувства. Да и могло ли в наши темные дни быть иначе? Даже и в рассказе влюбленного в красоту поэта нагота непорочного тела, словно наглая нагота блудницы, вызывает осуждение лицемеров и ярость людей с развращенным воображением. Строгая нравственность всех этих людей навязана им извне. Она не выдерживает никаких искушений и обольщений. Они это знают, и опасливо берегутся от соблазна. А втайне тешат свое скудное воображение погаными картинками уличного, закоулочного разврата, дешевого, регламентированного и почти безопасного для их здоровьишка и для блага их семьишек.

Урядник, видевши молодую девушку, так легко одетую, погано заухмылялся. Грязная похоть заиграла в его грубом теле под неряшливою, пропотелою одеждою. Он поманил к себе Зинаиду корявым, грязным пальцем. По-идиотски зареготал. Сдвинул на затылок порыжелую шапку.

Молодая девушка подошла к уряднику легкою, свободною поступью. Так ходят царевны свободных стран и милых, увенчанные белыми цветами, нагие девственницы, царевны Стран, о которых не знает наш век, слишком парижский.

Урядник дохнул на Зинаиду махоркою, водкою и луком, и заговорил, погано осклабясь, так что зелень и желтизна его кривых зубов полезли наружу.

— Послушай-ка, размилашечка девица, — ты тут живешь?

Зинаида простодушно дивилась его красным, грязным рукам, его красному, возбужденно-потному лицу, его загвазданным глиною тяжелым сапожищам, всем этим внешним приметам уродства бедной, грубой жизни. От этого уродства так легко и скоро отвыкали здесь, в долине жизни милой, невинной и успокоенной.

Невольно улыбаясь. Зинаида сказала:

— Да, я здесь живу, в этой колонии.

Урядник спрашивал:

— В кухарочках? Или в прачках? Ишь ты, конфетка леденистая!

Он залился тонким, резко-ржущим смехом, и уже готовился начать наступательно-любезные действия, — поднял растопыренную коричневую длань, и указательным перстом с черною каймою на желтом, толстом ногте прицелился, где бы ему ткнуть, щекотнуть или колупнуть раскрасавицу девицу голоногую, голорукую. Но Зинаида, улыбаясь и хмурясь одновременно, отстранилась от него, и сказала:

— Я — учительница в здешней школе, Зинаида.

Урядник протянул смешливо:

— Ишь ты, учительница!

Он сначала не поверил, что перед ним стоит учительница. Подумал, что веселая кухарочка или прачечка, подтыкавшаяся, чтобы удобнее мыть, стирать, варить, с ним шутить. Но всмотрелся он в лицо, каких не бывает у кухарочек, — вдруг начал верить.

Зинаида с удивлением и с любопытством глядела на этого странного, грубо и скверно ласкового человека с болтавшеюся около ног тяжелою шашкою в неуклюжих черных ножнах, и спросила:

— А вы кто?

Урядник сказал с большою важностью:

— А я буду здешний полицейский урядник.

Приосанился, приосанился.

— Что же вам здесь у нас надо? — спросила Зинаида.

— Не к вам ли, раскрасавица, сбежал мальчишка тут один из города? Мать его ищет, к нам в полицию заявила. Ежели он у вас, так надо его предоставить в город.

— Да, — сказала Зинаида, — у нас гостил на этой неделе один городской мальчик. Да только мы его сегодня домой отправили. Теперь он, должно быть, уже у своей матери.

Урядник недоверчиво ухмыльнулся, и спросил:

— А не врешь?

Зинаида пожала плечьми. Строго посмотрела на урядника. Сказала с удивлением:

— Что вы говорите! Как можно говорить неправду! Да и зачем же мне говорить вам неправду?

— Кто вас тут знает! — ворчал урядник. — Вам только поверь, так вы наскажете.

— Нет, — повторила Зинаида, — я вам сказала правду.

Урядник важно сказал:

— Ну, то-то, смотрите. Ведь мы все равно, все узнаем. Так верно домой отправили?

— Домой, к матери, — ответила Зинаида.

— Так, значит, и донесем господину исправнику, — сказал урядник.

Он приврал для важности. Послал его сюда становой пристав, а не исправник. Но для Зинаиды это было все равно. Она привыкла думать больше всего о детях и о своем деле. Грозное наименование полицейской власти не произвело на нее большого впечатления.

Урядник ушел. Он продолжал широко ухмыляться. Несколько раз оглядывался на учительницу. По дороге в город он был весел и рассеян. Мечтал грубо и погано. Так мечтают дикари, ютящиеся в серых просторах наших городов, дикари, скрывающиеся под всякими личинами, щеголяющие во всяких одеждах.

Зинаида с тоскою и с печалью смотрела вслед за урядником. Грубые воспоминания о прежних днях оживали в ее душе, полной сладостными утешениями созданного

Триродовым иного, блаженного бытия в тихой прохладе милого леса. Потом Зинаида вздохнула, как разбуженная от кошмарного сна полуденного. Тихо пошла она своею дорогою.

Через несколько дней Триродовскую колонию посетил становой пристав. У него было такое же понимание и такое же отношение к непорочному миру Просяных Полян, как и у того полуграмотного урядника. Только выражалось это отношение в смягченном виде.

Становой пристав старался быть очень любезным. Он говорил неуклюжие комплименты Триродову и его учительницам. Но, глядя на учительниц, становой улыбался так же погано, как и урядник. Узенькие, калмыцкие глазенки его замасливались. Щеки покрывались кирпичным румянцем.

Когда девушки отошли в сторону, становой подмигнул на них Триродову, и сказал вполголоса:

— Цветничек-с!

Триродов строго посмотрел на станового. Становой сконфузился, и потому рассердился. Он сказал:

— Я к вам приехал, извините-с, по делу, довольно неприятному.

Оказалось, что он приехал под предлогом переговорить об устройстве положения Егорки. Кстати он намекнул и на то, что самовольное разрытие Егоркиной могилы может послужить поводом для судебного преследования. Триродов дал становому взятку, и угостил его завтраком. Становой уехал в полном восторге.

Приехал наконец к Триродову и исправник. У него было пасмурное лицо и недоступный вид. Исправник прямо заговорил о самовольном разрытии Триродовым Егоркиной могилы. Триродов сказал досадливо:

— Нельзя же было заживо погребенного мальчика оставить, чтобы он задохся в своем гробу. Исправник возразил сурово:

— Вам следовало сообщить о ваших подозрениях настоятелю кладбищенской церкви. Он бы сделал все, что надо было сделать.

Триродов сказал:

— Сколько же бы времени прошло, пока ходили бы за священником?

Исправник, не слушая, продолжал:

— А так непорядок. Этак всякий станет разрывать могилы, так это что же будет! Он, может быть, грабить полез, а как его поймают, так он заявит, — мне, мол, послышалось, что покойничек жив, и в гробу ворошится.

— Вы знаете, — возразил Триродов, — что мы пошли туда не с целью грабежа.

Исправник твердил упрямо и сурово:

— Это — непорядок.

Триродов пригласил исправника к обеду. Взятка исправнику была много крупнее, чем становому. После обильного обеда, выпивки и взятки исправник вдруг стал мягче воска. Он начал распространяться о тягостях и неприятностях своей службы. Тогда Триродов заговорил с ним об обыске и об избиении в участке учительницы Марии. Исправник побагровел, и горячо говорил:

— Верьте чести, не от меня зависело. Творю волю... Новый наш вице-губернатор, простите за выражение, сущий живодер. Тем и карьеру сделал.

Триродов спросил:

— Разве этим можно сделать карьеру?

Исправник оживленно говорил, — и видно было, что карьера нового вице-губернатора очень волнует его чиновничье сердце:

— Помилуйте, это всем известно, — он своего приятеля в пьяном виде зарезал, в сумасшедшем доме сидел, и уже как он оттуда выбрался, уму непостижимо. Поступил по протекции в губернское правление, и таким аспидом себя показал, что все диву давались. Живо в советники правления выскочил. Крестьян усмирял. Изволили, может быть, слышать?

— Как не слышать! — тихо сказал Триродов. Исправник продолжал:

— В газетах об его подвигах печатали достаточно. Кое-что в лишнего прибавили, а ему это только на руку было. Большое на него внимание обратили. Вице-губернатором сделали, так он из кожи вон лезет, еще больше отличиться хочет. В губернаторы метит. Далеко пойдет. Сам наш губернатор его остерегается. А надо вам сказать, что у нашего губернатора крепкая рука в Петербурге есть. А все-таки Ардальон Борисовичу перечить не решается.

— А вы и тем более? — спросил Триродов.

— Помилуйте-с, — говорил исправник, — вы-то возьмите во внимание, какое мы теперь время переживаем. Никогда ничего подобного не бывало. Брожение среди крестьян такое, что не приведи Бог. Вот на днях у помещика Хаврюкина экономию разгромили. Все, что можно было унести, все растащили. Скотину себе мужики разобрали. Жалости достойно! Из лучших хозяев в губернии Хаврюкин считается. Крестьяне у него в кулак зажаты были. Так вот они как отплатили ему!

— Как бы то ни было, — сказал Триродов, — а мою учительницу вы все-таки истязали. Это было возмутительно.

— Позвольте-с! — воскликнул исправник. — Я лично у нее извинения попрошу. Как честный человек.

Триродов велел пригласить Марию. Мария пришла. Исправник рассыпался перед нею в извинениях, и расцеловал ее загорелые руки. Мария молчала. Лицо ее было бледно и глаза горели гневно.

Исправник опасливо думал:

"Этакая и убить не задумается".

Поспешил уехать.

ГЛАВА ДВАДЦАТЬ ДЕВЯТАЯ

Пожаловала в Триродовскую школу и учебная полиция. Приехал инспектор народных училищ.

Местный инспектор народных училищ, Леонтий Андреевич Шабалов, всю жизнь прослужил в глухих лесных местностях, и потому он был почти совсем одичалый человек. Рослый, дюжий, лохматый, нескладный, он и наружностью смахивал на вологодского или олонецкого медведя. Лицо его обросло густою бородою. Круглые волосы над низким лбом лезли к бровям. Из красного носа, из громадных ушей торчали черные волосы. Спина была широка и сутуловата, как большое корыто.

Служившим в его районе учителям и учительницам Шабалов часто говаривал, произнося слова медленно и сипло:

— Мне, батенька (или "голубушка", если перед ним была учительница), не надобно выдающихся учителей. Я умников да умниц не люблю, модницам и щеголям не потатчик. Главное, батенька, в жизни и в службе — не заноситься. У меня, батенька, выполняй казенную программу, и сиди себе, смирно, и благо тебе будет. Программу-то учебную составляли люди не глупее нас с вами, так нам с вами о программах мудрствовать не приходится. Так-то, батенька!

Но, при всем своем почтении к учебным программам, учебное дело Шабалов знал плохо. Вернее сказать, не знал вовсе. Да и не интересовался им. Был даже не очень грамотен. Свое инспекторское место получил он больше в награду за богомольность, патриотизм и правильный образ мыслей, чем за труды по народному образованию. Служил он в молодости помощником классных наставников в гимназии. Там он исправным посещением служб в гимназической церкви и громогласным чтением апостола обратил на себя внимание старой ханжи-генеральши. Она и выхлопотала ему место инспектора.

Он ничем не мог помочь молодым и малоопытным учителям и учительницам. Посещая школы, он ограничивался только наружным осмотром их, да задавал ученикам несколько немудреных вопросов, больше по части благочестия, "любви к отечеству и народной гордости".

Больше всего любил Шабалов собирать слухи и сплетни. Он делал это с большим умением и усердием. Эту его слабость все знали. Потому было много охотников посплетничать и донести. Находились такие даже из числа учителей и учительниц, чтобы подслужиться и выслужиться. Однажды донесли Шабалову, что учителя и учительницы нескольких соседних школ собрались вечером под праздник в одной школе, и там пели песни. Всем им он немедленно разослал такие бумаги:

м.н.п.

———————————————————

РУБЯНСКИЙ
учебный округ

———————————————

ИНСПЕКТОР Господину учителю
народных училищ 1-го Вихляевского одноклассного
района сельского училища,
СКОРОДОНСКОЙ ГУБ. Ксенофонту Полупавлову.

16 сентября 1904 г.
г.Скородож

До сведения моего дошло, что Вы, Милостивый Государь, 7 сего Сентября, вечером, участвовали в устроенном без надлежащего разрешения собрания учителей и учительниц вверенного мне района, и вместе с ними пели песни светского и отчасти даже предосудительного содержания. Посему прошу Вас, Милостивый Государь, на будущее время не позволять себе подобных незаконных деяний, не соответствующих званию педагога, предупреждая Вас, что при повторении таковых поступков Вы будете немедленно уволены от службы.

Инспектор Шабалов.

Другой раз он писал тому же учителю:

"При посещении мною школ вверенного мне района обнаружилось, что некоторые учителя и учительницы, в том числе и Вы, Милостивый Государь, выходят из пределов утвержденной для начальных

165

училищ программы, сообщая учащимся сведения из истории и географии, народу не нужные, а потому, в подтверждение сделанных мною лично Вам словесных указаний, прошу Вас на будущее время строго придерживаться установленных программ, предупреждая Вас, что в противном случае Вы будете уволены от службы".

Особенно не нравилось Шабалову участие некоторых учителей и учительниц в местном педагогическом кружке. В городе Скородоже существовал педагогический кружок. Он был основан года три тому назад учителем гимназии Бодеевым и учителем городского училища Воронком. В этом кружке разбирались многие вопросы воспитания, обучения и устройства школы. Эти вопросы интересовали в те годы учащихся и родителей, — из тех, конечно, которые способны были заинтересоваться какими-нибудь вопросами. Некоторые сельские учителя и учительницы читали в этом кружке свои доклады. Особенно досадно было Шабалову то, что в этих докладах рассказывалось иногда о кое-каких случаях из жизни школ и о странных выходках учебного начальства. Шабалов захотел уволить дерзких. Уездный училищный совет с ним не соглашался. Произошел продолжительный и неприятный спор. Из этого спора Шабалов не вышел победителем.

Разговаривать с Шабаловым было для Триродова тяжело и неприятно.

Шабалов говорил медленно, скрипучим голосом:

— Вам, Георгий Сергеевич, придется послать ваших воспитанников к нам в город на экзамен.

— Зачем это надо? — спросил Триродов.

Шабалов посмеялся скрипучим, — хе-хе, — смешком, и говорил:

— Да уж надо. Аттестаты дадим.

— Да зачем им аттестаты ваши? — спросил Триродов. — Им знания нужны, а не аттестаты. Ваши аттестаты их не накормят.

Шабалов объяснил:

— Аттестаты нужны для воинской повинности.

Триродов говорил:

— Они будут учиться у меня, пока не окажутся готовыми или к практической деятельности, или к занятиям науками или искусствами. Тогда одни войдут в технические школы, другие в университеты. Зачем же им ваши аттестаты о звании курса начальной школы?

Шабалов повторял тупо и упрямо:

166

— Нельзя так. Ваша школа считается, изволите видеть, начальною. Оканчивающим в ней надо дать аттестаты. Как же иначе, посудите сами! А если хотите дальше учить, так вам следует выхлопотать гимназию частную или реальное училище, или там коммерческое, что ли. А так нельзя. И тогда вам вместо босоножек ваших дешевеньких придется взять настоящих учителей.

Триродов возразил:

— У моих босоножек дипломы и познания такие же, как и у настоящих, по вашему выражению, учителей. Странно, что вы этого не знаете или не помните. А зарабатывают они у меня так достаточно, что дешевенькими назвать их я бы затруднился. Да и вообще мне кажется, что по отношению к частным школам вам, так называемому учебному начальству, достаточно было бы ограничиться чисто внешним, полицейским надзором, исключительно отрицательного характера. Наблюдали бы только, не делаем ли мы чего-нибудь преступного. А до устройства школ какое вам дело? У вас и своих-то школ так мало, и так они плохи, что вам с ними много дела.

Шабалов твердил уныло:

— Да нет, все-таки экзамен надо сделать. Как же это вы не понимаете? И господин директор народных училищ хочет быть у вас на экзамене. А что вы говорите, так у нас есть инструкция от министерства, и мы не можем рассуждать. Наше дело — исполнять.

Триродов сказал холодно:

— Приезжайте сами, если вам надо непременно экзаменовать.

Шабалов подумал. Сказал:

— Ладно, я доложу о вашем желании господину директору народных училищ.. Не знаю, как он посмотрит, но я доложу.

Еще немного подумал. Потерся облеченною в синий мундирный сюртук спиною о спинку кресла, — засаленным, полинялым сукном о красивую темно-зеленую кожу, — и сказал:

— Если господин директор согласится, мы назначим день, и вам бумажку пришлем, а уж вы нас ждите.

Через несколько дней Шабалов прислал сообщение, что экзамен в школе Триродова назначается тридцатого мая, в десять часов утра, в помещении школы.

Это вмешательство учебной полиции было досадно Триродову. Но приходилось подчиняться.

ГЛАВА ТРИДЦАТАЯ

У Кирши было в городе много знакомых мальчиков. Некоторые из них учились в гимназии, другие в городском училище. Знаком был Кирша и с девочками местными, которые учились в женской гимназии. Он много рассказывал Триродову о делах и о порядках в этих училищах. Много было в этих делах странностей и неожиданностей.

Особенно интересовала в последнее время Триродова личность директора народных училищ, Дулебова. В ведении этого человека числилась и школа, устроенная Триродовым. Числилась, хотя пользы никакой Дулебов школе не приносил. Он совершенно безучастно относился к тем наветам, которые возводились на священника Закрасина, и не защищая его перед епархиальным архиереем. Он и подчиненный ему инспектор народных училищ засыпали Триродова бумагами, требовали разных отчетов по установленной форме, так что Триродову пришлось приговорить маленького чиновника из казначейства преходить по вечерам строчить всю эту вздорную ерунду. Но ни Дулебов, ни Шабалов ни разу не заглядывали в Триродовскую школу. Когда Триродову случалось быть в канцелярии директора, то разговор шел больше о документах учительниц и о других пустых формальностях, или о личных отношениях.

Наговоры Острова или его черносотенных друзей встревожили Дулебова. Во избежание неприятностей Дулебов решил воспользоваться первым же случаем, чтобы закрыть школу Триродова.

Директор народных училищ, действительный статский советник Григорий Владимирович Дулебов, метил на более высокое место в учебном ведомстве. Поэтому он старался зарекомендовать себя выдающеюся трудоспособностью и знанием дела. Усидчивость его была изумительная. Казалось, что он никогда и никуда не торопился. Приемы подчиненных и просителей, бывавшие у него по четвергам от часу до трех, как было написано на бумажке на дверях его канцелярии, на самом деле начинались иногда в одиннадцать утра, и продолжались до позднего вечера. С каждым посетителем Дулебов разговаривал неторопливо, вникая в малейшие подробности.

Но Дулебов, конечно, очень хорошо знал, что с одною трудоспособностью, хотя бы и выдающеюся, далеко не уйдешь. Необходимо культивировать связи и отношения. Влиятельных

168

тетушек и бабушек у Дулебова не было. Потому связи и отношения приходилось заводить ему самому. И вот в течение всей своей двадцатипятилетней службы на должностях сначала учителя гимназии и учительской семинарии, а потом директора народных училищ, Дулебов непрерывно и умело заботился о том, чтоб вставать в наилучшие отношения со всеми, кто стоял по службе выше его или вровень с ним. При этом старался он не портить отношений и с младшими, — на всякий случай: младшие становятся иногда старше старших; да и в младших оставаясь, могут повредить при случае или оказать пользу.

Никогда не сделать ни одного бестактного поступка — в этом была главная заповедь всей жизни Дулебова. Он очень хорошо знал, что те или иные поступки хороши не сами по себе, и что самое главное — это, "как там посмотрят". Там, то есть у начальства. Начальство благоволило к Дулебову. Ему уже почти обещано было место помощника попечителя учебного округа.

Сообразно своим воззрениям на существо личных отношений Дулебов смотрел и на своих подчиненных. Тем, кто был почтителен к нему и к его жене, он покровительствовал, старался устроить получше. В случае неприятностей таких он защищал, хотя и очень осторожно, чтобы не повредить своему собственному положению. Непочтительных же и независимых Дулебов недолюбливал, и ходу им не давал.

Усмотревши восходящее светило в новом вице-губернаторе, только что назначенном на эту должность из советников губернского правления, Дулебов постарался встать и к нему в приятные отношения. Однако с ним Дулебов держался так осторожно, чтобы его нельзя было заподозрить в излишней близости к этому злому, угрюмому и плохо воспитанному человеку и к его вульгарной жене.

Дулебов имел приятные манеры, моложавое лицо и тонкий голос, похожий на поросячий визг. В движениях был он легок и ловок. Никто не видел его пьяным, и в гостях он или не пил совсем, или ограничивался рюмкою мадеры. Он всюду ездил со своею женою. Говорили, что она управляет всеми делами, и что Дулебов во всем ее слушается.

Жена директора, Зинаида Григорьевна, была полная, энергичная и сердитая дама. Ее остриженные волосы начинали седеть. Она очень ревниво относилась к своему влиянию, и отстаивала его энергично.

По приглашению Дулебова вице-губернатор посетил городское училище. Приглашая вице-губернатора, Дулебов имел в виду собственно привезти его в Триродовскую школу. Он хотел, в случае закрытия этой школы, иметь право говорить, что почин закрытия исходит от губернского начальства. Но Дулебов не хотел приглашать вице-губернатора прямо в Триродовскую школу, чтобы не могли сказать, что он сделал это нарочно. Поэтому он уговорил вице-губернатора приехать на экзамен в городское училище накануне того дня, который назначен был для экзамена в Триродовской школе.

Городское училище стояло на одной из захолустных, грязных улиц. Внешний вид его был очень непривлекателен. Грязный, обшарпанный деревянный дом казался построенным скорее для трактира, чем для школы. Это не помешало Дулебову сказать встретившему его инспектору училища:

— У вас сегодня будет новый вице-губернатор. Я его пригласил к вам потому, что у вас хорошее училище.

Инспектор Потерин, увиваясь вокруг Дулебова и его жены, растерянно говорил:

— Здание у нас уже очень неказистое.

Дулебов ласково улыбнулся, и благосклонно отвечал:

— А уже не в здании дело, — самое училище хорошее. Ценится постановка учебной части, а не стены.

Вице-губернатор приехал попозже, часов в одиннадцать, вместе с Жербеневым, который был почетным смотрителем училища.

В училище было напряженное настроение. Учителя и ученики одинаково дрожали перед начальством. Глупые и пошлые сцены с директором в городском училище были Дулебову привычны, и не смущали его. И Дулебов, и его жена топорщились от важности. Они получили на днях известие, что назначение Дулебова помощником попечителя — вопрос решенный.

Инспектор Шабалов был в училище уже с утра. Занялся тем, что пристроился к Зинаиде Григорьевне Дулебовой, и с неожиданною, грубоватою любезностью оказывал ей разные услуги.

Учитель-инспектор Михаил Прокопьевич Потерин держал себя, как лакей. Иногда даже видимо было, как он дрожал перед Дулебовыми. А чего бы, казалось, ему бояться? Он был большой патриот: был членом черносотенного союза. Брал взятки, поколачивал учеников, сильно выпивал, — все ему с рук сходило.

Зинаида Григорьевна Дулебова экзаменовала выпускных учеников по французскому и немецкому языкам. Этим предметам учились только желающие. Уроки французского языка давала жена инспектора Потерина. Она еще не очень хорошо усвоила методу Берлица, и глядела на Дулебовых подобострастно. Но втайне была озлоблена, — своею бедностью, приниженностью, зависимостью.

Потерин языков не знал. Но он сидел тут же, и злобно шипел на отвечавших небойко или вовсе молчавших на вопросы:

— Этакий пень! Остолоп! Дубина!

Дулебова сидела неподвижно, и словно не слышала этого усердного шипения и этих грубых слов. Она даст волю своему языку попозже, во время завтрака.

Для начальства и для учителей был приготовлен завтрак. Он стоил много забот и волнений жене Потерина. Стол был накрыт в зале. Здесь в обычные дни возились и дрались на переменах мальчишки. Сегодня их сюда не пускали. Они шумели и озорничали на дворе.

На почетном месте сидела Дулебова, по обе ее стороны вице-губернатор и Жербенев; Дулебов поместился рядом с вице-губернатором. Был подан пирог. Потом разносили чай. Зинаида Григорьевна жучила учительских жен и учительниц. Она любила сплетни. Впрочем, кто же их не любят! Учительские жены сплетничали ей.

Во время завтрака мальчишки, поместившись в соседнем классе, распевали:

Что за песни, что за песни
Распевает наша Русь!
Уж что хочешь, хоть ты тресни,
Так не спеть тебе, француз.

И другие песни в том же духе.

Дулебов обтер лицо правою рукою, — словно кот лапкою умылся, — и завизжал:

— А уж вот слышно, что к нам скоро приедет маркиз Телятников.

Потерин сказал:

— Он не по нашему ведомству.

Но все его лицо перекосилось от ужаса.

Дулебов говорил тоненько:

— Все равно, у него большие полномочия. Он все может.

Вице-губернатор сумрачно глянул на Потерина, к сказал угрюмо:

— Он вас всех подтянет.

Потерин помертвел и взмок. Начался разговор о маркизе

171

Телятникове. Заговорили в связи с этим о революционной настроении в той местности.

Везде в окрестных лесах появились революционные прокламации. На дереве срезывали кусок коры величиною с лист бумаги, и на это место наклеивали прокламацию. Снять такой лист было невозможно: он заплывал прозрачным тонким слоем смолы. Усердным блюстителям порядка приходилось вырубать или соскабливать ножом преступные места.

Зинаида Григорьевна Дулебова сказала:

— Надо полагать, что это выдумка нашего химика, господина Триродова.

— Конечно, — поддакнула подобострастная сухая девица, учительница немецкого языка.

Зинаида Григорьевна повернулась к Потериной, чтобы оказать особую любезность хозяйке своим разговором, и спросила ее с насмешливою улыбкою:

— Как вам нравится наш пресловутый декадент?

Учительница попыталась понять. На ее тупом, плоском лице появилось выражение испуга. Она робко спросила:

— Это кто же, Зинаида Григорьевна?

— Кто же, как не господин Триродов! — злобно ответила Дулебова.

Злость была по адресу Триродова, но Потерина все же струхнула.

— Ах, да, Триродов, как же, как же, — суетливо и растерянно повторяла она, и уже не знала, что сказать.

Дулебова язвительно говорила:

— Вот уж, кажется, не скоро рассмеется. Вполне в вашем вкусе.

Потерина покраснела и воскликнула:

— В моем вкусе! Ой, что вы, Зинаида Григорьевна! Вот-то уж, по пословице, царского слугу согнуло в дугу.

Жена учителя Кроликова сказала:

— Да, он всегда смотрит исподлобья, и ни с кем не разговаривает. Но он очень добрый человек.

Дулебова метнула на нее злой взор. Кроликова помертвела от страха, и догадалась, что надо было сказать не то. Поправилась:

— Добрый человек на словах.

Дулебова улыбнулась ей благосклонно.

Жербенев говорил Дулебовой:

— А знаете, что я вам скажу? Я-таки повидал людей на своем веку, скажу не хвастаясь. И по-моему, это очень плохая примета, что он исподлобья глядит.

172

— Конечно, — согласилась Потерина. — Вот уж истинная правда!

Жербенев говорил:

— Пусть человек смотрит мне прямо в лицо. А эти, — в тихом омуте...

Полковник не договорил. Дулебова сказала:

— Откровенно скажу, не люблю я этого вашего поэта. Не могу я его понять. Какой-то он странный. Что-нибудь есть за ним скверное.

— Все у него подозрительное, — сказал Жербенев с видом человека, знающего многое.

Говорили, что у Триродова и у других ведется сбор денег на восстание. При этом выразительно поглядывали на учителя Воронка. Злые речи о Триродове полились рекою. Говорили, что в доме Триродова притаилась подпольная типография и что там работали не только учительницы, но даже и воспитанники Триродова. Дамы с ужасом восклицали:

— Малыши-то такие!

— Да, вот вам и малыши!

— Нынче нет детей.

Воронок сказал:

— Вот, говорят, при полиции девятилетний сидит.

— Бунтовщик, — свирепо сказал вице-губернатор.

Потерин сказал:

— Да, я вот еще слышал, что один тринадцатилетний мальчишка арестован. Такой маленький поганец, а он бунтует, шалыган!

Вице-губернатор сказал угрюмо:

— Этот с дедом в Сибирь идет.

Воронок весь покраснел, и спросил:

— За что же это?

— Смеялся, — угрюмо буркнул вице-губернатор.

Дулебов поспешно и громко спросил Потерина:

— А уж у вас, надеюсь, бунтовщиков нет?

Потерин говорил:

— Нет, сохранил Бог, ничего такого. А только, надо правду сказать, уж очень распущенные нонче дети.

Дулебов с покровительственною ласковостью опять сказал ему:

— А уж у вас хорошее училище. Порядок образцовый.

Потерин расцвел. Расхвастался:

— Да уж я умею подтянуть. Держу их строго.

— Спасительная строгость, — сказал директор.

Поощренный этими словами, учитель-инспектор спросил:

— Можно бы и посечь?

Дулебов увильнул от прямого ответа. Отер лицо ладонью, как кошка лапкою, и заговорил о другом.

Начались умилительные воспоминания о добром старом времени. Рассказывали, как, когда и кого секли.

— Секут и нонче, — с тихою радостью сказал Шабалов.

ГЛАВА ТРИДЦАТЬ ПЕРВАЯ

После завтрака перешли в учительскую комнату. Курящие закурили. Жена учителя Муралова улучила минуту, когда Дулебова отошла в сторону. Она бочком, осторожно, подобралась к Дулебовой, и топотом рассказывала ей о том, как Потерин берет взятки. Из разговора шопотом выделялись отдельные фразы и слова:

— Заметили, Зинаида Григорьевна?

— А что?

— Наш-то инспектор щеголяет в перчатках.

— Да?

— Перчатки! Желтые!

— А что?

— На взятки.

Зинаида Григорьевна обрадовалась, оживилась. Долго было слышно шушуканье злых баб, и раздавался их змеиный шип-смех.

Потом дамы с Шабаловым и с Воронком пошли кончать экзамен. Дулебов с вице-губернатором отправились ревизовать библиотеку. Их сопровождал Потерин. Все было в исправности. Толстые томы Каткова мирно дремали (пыль на них была стерта накануне). Только вот Смирдинские издания сороковых годов заподозрил Дулебов.

— А уж это неудобно, — визжал он, косясь на вице-губернатора. — Нигде в каталогах одобренных книг нет их.

Потерин воспользовался случаем поинсинуировать на учителей. Доносил, что Воронок в церковь не ходит, и для каких-то чтений учеников к себе собирает.

— А уж надо с ним поговорить, — сказал Дулебов. — Пригласите его в ваш кабинет. Я с ним поговорю. А вы пока покажете Ардальону Борисовичу кабинет учебных пособий.

В кабинете Потерина Дулебов и Воронок долго разговаривали.

— Я не касаюсь ваших убеждений, — говорил директор, — но я должен поставить вам на вид, что вносить политику в школы невозможно. Дети не могут в этих вопросах разобраться. Это их развращает.

Воронок сказал сдержанно:

— Агентурным сведениям не всегда можно верить.

Дулебов слегка покраснел. Сказал досадливо:

— Мы не заводим агентов, но у нас много знакомых. Мы

здесь давно живем. Мы не можем не слушать того, что нам рассказывают.

Всех бывших на экзамене почетный смотритель Жербенев пригласил к себе на обед. Только один Воронок отказался. Пришли и приехали и все, кто был в училище, и еще многие, кого Жербенев пригласил по этому случаю. Были Глафира Павловна и Кербах. Обед был долгий и обильный. За обедом и после обеда было много выпито. И все опьянели. Один Дулебов был трезв. Только слегка разрумянился от ликеров, — он очень их любил.

Члены черносотенного союза воспользовались случаем сказать Дулебову и вице-губернатору злое о Триродове. Заговорили о Триродовской школе, — и разговоры были пошлые.

— Фотографией занимается, — большой любитель.

— Зазовет к себе детей, разденет до гола, и снимает.

— Да у него и в лесу ребятишки нагишом бегают.

— Что ребятишки! И учительницы.

— Голые не голые, а босиком так они постоянно.

Жербенев сказал:

— Как простые бабы.

— Да, — сказал вице-губернатор, — бабы босиком ходят, а это очень безнравственно. Надо запретить.

— Бедные люди, — сказал кто-то.

Вице-губернатор сердито сказал:

— Это — порнография.

И все ему вдруг поверили. Вице-губернатор угрюмо говорил:

— Он на нас жалуется, что будто бы мы его учительницу выдрали. Но это он врет. Это он сам ее выдрал. Нам не нужно девок драть, — это ему нужно, потому что он очень развратный.

Говорили, что Триродов с хлыстами очень дружит. Кербах говорил:

— Лошадей завел, экипажи, а я знаю человека, который его голяком знал. Подозрительно, откуда у него деньги.

Глафира Павловна смотрела на Шабалова, и шептала Дулебову:

— Он, я знаю, патриот, но у него ужасные манеры.

Дулебов говорил:

— Он очень глуп и неразвит, но усерден. Если его направлять, как следует, то он может быть полезен.

Утром директор народных училищ поехал в Триродовскую школу в Просяных Полянах. Поехали еще вице-губернатор и Шабалов. Собрались все в доме дирекция. Уселись в разные

176

экипажи. Все после вчерашней выпивки были еще немного под парами. Среди прекрасной природы вели пошлые, полупьяные разговоры. Все это вмело вид прогулки на пикник.

Зинаида Григорьевна Дулебова ехала с Кербахом. Они вели язвительные разговоры. Перемывали косточки всем знакомым. Госпожа Дулебова рассказывала о перчатках Потерина. Потом рассказала о самоубийстве своячениицы другого инспектора. Она утопилась, будто бы потому, что боялась, как бы у нее от него не родился ребенок. Потом рассказала, как третий инспектор напился в бане, в там подрался с городским головою.

Шабалов ехал с Жербеневым, в его коляске. Говорил:

— Закусить бы теперь хорошо.

Жербенев уверенно ответил:

— Там дадут.

Гости были уверены, что их ждут. Зинаида Григорьевна Дулебова говорила:

— Самое интересное припрятано.

Кербах сказал:

— Ну, мы разведаем.

Было раннее, свежее утро. Дорога шла лесом. Ехали уже долго. Стало казаться, что без конца повторяются все одни и те же полянки и перелески, холмы, ручьи, мосты. Стали спрашивать кучеров:

— Да туда ли ты едешь?

— Да никак ты с дороги сбился?

— Кажись, туда.

Над домом Триродова видны были две башенки. Они остались вправо. И все никак было не найти дороги. И уже долго плутали. Дороги извивались и разветвлялись. Наконец кучер переднего экипажа остановил лошадей. За ним остановилась и вся вереница экипажей.

— Надо поспрошать кого-нибудь, — сказал кучер. — Вон мальчуган какой-то идет.

Из лесу по дороге шел лет десяти босоногий мальчик. Шабалов закричал ему свирепым голосом:

— Стой!

Мальчик глянул на экипажи. Спокойно продолжал свой путь. Шабалов заорал неистово:

— Стой, паршивец! Шапку сними! Видишь, господа едут, — что не кланяешься?

Мальчик остановился. С удивлением смотрел на этот ряд разнокалиберных экипажей, не снимая шапки. Дулебова решила:

— Да это просто идиот какой-то!

— А вот мы его разговорим, — сказал Кербах.

Он вышел из экипажа, и пошел к мальчику, спрашивая:

— Ты знаешь, где школа Триродова?

Мальчик молча показал рукою одну из дорог. Быстро убежал, скрывшись где-то в кустах.

И вот наконец дорога пошла вдоль забора. Все вокруг было пустынно и тихо. Никто не ждал, по-видимому, гостей, и не думал встречать их.

Наконец подъехали к воротам в ограде. Осмотрелись. Было очень тихо. Никого нигде не было видно. Шабалов соскочил с дрожек, и принялся искать звонок. Госпожа Дулебова, раздражаясь, говорила:

— Да что это такое!

Попытались сами открыть калитку, и не смогли. Шабалов закричал:

— Отворите! Черти, дьяволы, чего вы там заперлись, окаянные!

Госпожа Дулебова унимала Шабалова. Шабалов оправдывался:

— Извините, Зинаида Григорьевна. Да ведь досадно. Если бы я приехал, ну, подождал бы. Хоть и со мной было бы невежливо, — я им начальник. А то ведь досадно. Высшее начальство пожаловало, а они и ухом не ведут.

Наконец калитка открылась, вдруг и бесшумно. Мальчик в белой рубашке и белых коротких панталонах, загорелый, с голыми ногами, стоял на пороге. Рассерженный Дулебов завизжал:

— Здесь помещается школа Триродова?

— Здесь, — сказал мальчик.

Гости вошли, и очутились на лесной лужайке. Три босые девушки неторопливо шли им навстречу. Это были учительницы. Надежда Вещезерова смотрела на Дулебову черными, широкими глазами. Дулебова шептала вице-губернатору:

— Вот, полюбуйтесь. С этой девицей скандальная история была, а он ее взял.

Дулебова знала всех в городе, и особенно хорошо знала всех, с кем случалась какая-нибудь неприятность.

Вышел и Триродов, в летней белой одежде. Он с усмешкою смотрел на пеструю орду гостей.

Гостей встретили вежливо. Но директору не понравилось, что не было никакой почтительности, и незаметно было никаких приготовлений. Учительницы были просты, как

178

всегда. Дети и учительницы были босые, — и это очень не понравилось Дулебову. Наивности детей раздражали посетителей. Дети простодушно смотрели на посетителей. Некоторые кланялись, другие — нет.

Шабалов крикнул:

— Сними шапку!

Мальчик снял шапку, и протянул ее Шабалову. Сказал:

— На.

Шабалов сердито проворчал:

— Болван.

И отвернулся. Мальчик с удивлением смотрел на него.

Дулебову и особенно его жене было досадно, что для них не приоделись, и даже не обулись. Вице-губернатор смотрел тупо и злобно. Ему все сразу не понравилось. Дулебов, морщась, спрашивал:

— Неужели они так всегда?

— Всегда, Владимир Григорьевич, — ответил Триродов. — Они привыкли.

— Но это неприлично! — сказала Дулебова.

— Только это и прилично, — возразил Триродов.

ГЛАВА ТРИДЦАТЬ ВТОРАЯ

В доме на лесной полянке окна были открыты настежь. Щебетание птиц было слышно, и доносились свежие и сладостные запахи цветущих трав. Туда собрались дети, пришли взрослые, и началась глупая комедия экзамена. Дулебов стал перед образом, с краю скамеек, принял величественный вид, и воскликнул:

— Дети, встаньте на молитву.

Дети встали. Дулебов ткнул пальцем в грудь черноглазого малыша, и крикнул:

— Читай ты.

Этот резкий, тонкий вскрик и это движение пальцем в детскую грудь так были неожиданны для мальчугана, что он вздрогнул и икнул. Кто-то засмеялся сзади. Кто-то зашикал на смешливого. Дулебова переглянулась с Кербахом, пожала плечами, и изобразила на своем лице ужас.

Мальчик быстро оправился, и прочитал молитву перед учением. Дулебов приказал:

— Садитесь, дети.

Дети сели на свои места, и взрослые важно уселись за стол, по чинам. Посередине вице-губернатор и Дулебов, остальные справа и слева. Дулебова беспокойно оглядывалась. Лицо у нее было очень сердитое. Наконец она сказала басистым, странно для дамы грубым голосом:

— Закройте окна, — птицы кричат, и ветер. Невозможно заниматься.

Триродов посмотрел на нее с удивлением. Потом тихо сказал Надежде:

— Закройте окна. Гости наши не выносят свежего воздуха.

Окна были закрыты. Дети с досадливою печалью посмотрели на докучные стекла.

Задана была письменная работа. Для нее прочли рассказец из детской хрестоматии, которую Шабалов привез с собою. Дулебов приказал:

— Изложите своими словами.

Мальчики и девочки потянулись было к своим перьям, во Дулебов остановил их, и сказал длинное и скучное наставление, как следует писать заданное сочинение. Потом сказал:

— Пишите.

Дети писали. Было тихо. Написавшие отдавали свои листки учительницам. Дулебов и Шабалов тут же просматривали эти листки. Старались найти ошибки. Но ошибок было мала Потом была диктовка. Дулебова все время смотрела угрюмо, и моргала часто. Триродов пытался заговорить с нею. Но сердитая дама отвечала так неласково, что Триродов с трудом воздерживался от улыбки. И наконец оставил злую бабу в покое.

После письменных работ Триродов предложил непрошеным гостям завтрак.

— Мы к вам так долго ехали, — визжал Дулебов, словно объясняя, почему не отказывается от завтрака.

Дети разбежались в лесу недалеко, и играли. А большие перешли в соседний дом, где приготовлен был завтрак. Во время завтрака разговоры были напряженные и придирчивые. Дулебовы придумывали глупые шпильки и грубые намеки. Их спутники старались не отставать от них в этом. И каждый упражнялся по-своему в злых и колких словах.

Тут же было несколько Триродовских учительниц. Дулебова смотрела на них с притворным ужасом, и шептала Кербаху:

— У них ноги в земле запачканы.

После завтрака вернулись в школу. Расселись на те же места. Начали устный экзамен. Дулебов наклонился к списку, и вызвал сразу трех мальчиков. Каждого спрашивали сначала по Закону Божию, потом сразу же по русскому языку и по арифметике.

Все очень придирались ко всему. Дулебов был всем недоволен. Он задавал такие вопросы, чтобы из ответов было видно, внушены ли детям высокие чувства любви к отечеству, верности и Монарху и преданности православной церкви. Одного мальчика он спросил:

— Какая страна лучше. Россия или Франция?

Мальчик подумал немного, и сказал:

— Не знаю. Кто где привык, тому там и лучше.

Дулебова язвительно засмеялась. Шабалов наставительно говорил:

— Матушка Россия православная! Разве можно какое-нибудь государство равнять с нашим! Слышал, как нашу родину называют? Святая Русь, мать Россия, святорусская земля, а ты — болван, остолоп и свиненыш. Если ты своего отечества не любишь, то куда же ты годишься?

Мальчик краснел. На глазах его блестели слезинки. Дулебов спросил:

— Ну, скажи мне, какая вера на свете самая лучшая.

Мальчик задумался. Шабалов злорадно спрашивал:

— Неужели и этого не можешь сказать?
Мальчик сказал:
— Когда кто искренно верует, это и есть лучшая вера.
— Этакий пень! — с убеждением сказал Шабалов.
Триродов посмотрел на него с удивлением. Сказал тихо:
— Искренность религиозного настроения, конечно, лучший признак спасающей веры.
— Об этом мы поговорим после, — строго завизжал Дулебов. — А уж теперь неудобно препираться. Триродов улыбнулся и сказал:
— Когда хотите. Мне все равно, когда препираться.
Дулебов, красный и взволнованный, встал со своего кресла, и подошел к Триродову. Сказал:
— Мне с вами необходимо переговорить.
— Пожалуйста, — с некоторым удивлением сказал Триродов.
— Пожалуйста, продолжайте, — сказал Дулебов Шабалову.
Дулебов и Триродов ушли в соседнюю комнату. Разговор очень скоро принял резкий характер. Дулебов придумывал дикие обвинения. Говорил запальчиво:
— Я много дурного слышал, но действительность превосходит все ожидания.
— Что же именно дурного? — спросил Триродов. — И в чем действительность превзошла сплетню?
— Я не собираю сплетен, — взволнованно визжал Дулебов. — Я своими глазами вижу. Это не школа, а порнография!
Голос его уже совсем перешел на свинячьи ноты. Он стукнул ладонью по столу. Звякнуло золотое кольцо обручальное. Триродов сказал:
— Я вот тоже слышал, что вы — человек сдержанный. Но сегодня уже не первый раз замечаю ваши порывистые движения.
Дулебов постарался успокоиться. Сказал потише:
— Да ведь это возмутительная порнография!
— А что вы называете порнографией? — спросил Триродов.
— А уж вы не знаете? — с насмешливою улыбкою отвечал Дулебов.
— Я-то знаю, — сказал Триродов. — По моему разумению, всякий блуд словесный, всякое искажение и уродование прекрасной истины в угоду низким инстинктам человека-зверя — вот что такое порнография. Ваша казенная трижды проклятая школа — вот истинный образец порнографии.
— Они у вас голые ходят! — визжал Дулебов.
Триродов возразил:

— Они будут здоровее и чище тех детей, которые выходят из ваших школ.

Дулебов кричал:

— У вас и учительницы голые ходят. Вы набрали в учительницы распутных девчонок.

Триродов спокойно сказал:

— Это — ложь!

Директор говорил резко и взволнованно:

— Ваша школа, — если это ужасное, невозможное учреждение позволительно называть школою, — будет немедленно же закрыта. Я сегодня же сделаю представление в Округ.

Триродов резко возразил:

— Закрывать школы вы умеете.

Скоро гости сердито уехали. Дулебова всю дорогу шипела и негодовала.

— Субъект явно неблагонадежный, — говорил Кербах.

ГЛАВА ТРИДЦАТЬ ТРЕТЬЯ

Петр и Рамеев приехали к Триродову вместе. Рамеев не раз говорил Петру, что он был очень резок с Триродовым и что это надо чем-нибудь загладить. Петр соглашался очень неохотно.

Речь опять зашла о войне. Триродов спросил Рамеева:

— Вы, кажется, видите в этой войне только политический смысл?

— А вы его разве отрицаете? — спросил Рамеев.

— Нет, — сказал Триродов, — очень признаю. Но, по-моему, кроме глупых и преступных деяний тех или других лиц, есть и более общие причины. У истории есть своя диалектика. Была бы война или не была бы, все равно в той или иной форме непременно произошло бы роковое столкновение, начался бы решительный поединок двух миров, двух миропониманий, двух моралей, Будды и Христа.

— В учении буддизма есть много сходства с христианством, — сказал Петр, — только тем оно и ценно.

— Да, — сказал Триродов, — на первый взгляд немало схожего. Но в существенном эти два учения — полярно-противоположны. Это — утверждение и отрицание жизни, ее да и нет, ирония и лирика. Утверждение, да, — христианство; отрицание, нет, — буддизм.

— Мне кажется, что это слишком схематично, — сказал Рамеев.

Триродов продолжал:

— Схематизируем для ясности. Настоящий момент истории для этого особенно удобен. Это — зенитный час истории. Теперь, когда христианство вскрыло извечную противоречивость мира, теперь и происходит обостренная борьба этих двух миропониманий.

— А не борьба классов? — спросил Рамеев.

— Да, — сказал Триродов, — и борьба классов, насколько в социальную борьбу входят два враждебных фактора, — социальная справедливость и реальное соотношение сия, — общественная мораль, — она всегда статична, — и общественная динамика. В морали — христианский элемент, в динамике — буддийский. Слабость Европы в том и состоит, что ее жизнь давно уже пропитывается буддийскими по существу началами.

Петр сказал уверенно, тоном молодого пророка:

— В этом поединке восторжествует христианство. Не

184

историческое, конечно, не теперешнее, — а христианство Иоанна и апокалипсиса. И восторжествует оно тогда, когда уже дело будет казаться погибшим, и мир будет во власти желтого антихриста.

— Я думаю, это не так будет, — тихо сказал Триродов.

— Что же: по-вашему, восторжествует Будда? — досадливо спросил Петр.

— Нет, — спокойно возразил Триродов.

— Дьявол, может быть? — воскликнул Петр.

— Петя! — укоризненно сказал Рамеев.

Триродов слегка склонил голову, словно смутился, и сказал спокойно:

— Мы видим два течения, равно могучие. Странно думать, что одно из них победит. Это невозможно. Нельзя уничтожить половину всей исторической энергии.

— Однако, — сказал Петр, — если не победит ни Христос, ни Будда, что же нас ждет? Или прав этот дурак Гюйо, который говорит о безверии будущих поколений?

— Будет синтез, — возразил Триродов. — Вы его примете за дьявола.

— Это противуестественное смещение хуже сорока дьяволов! — воскликнул Петр.

Скоро гости уехали.

Кирша пришел без зова, смущенный и встревоженный чем-то неопределенно. Он молчал, — и черные глаза его горели тоскою и страхом. Подошел к окну, смотрел, — и, казалось, ждал чего-то. Казалось, что он видит далекое. Темные, широко раскрытые глаза словно были испуганы странным, далеким видением. Так смотрят, галлюцинируя.

Кирша обернулся к отцу, и тихо сказал, странно бледнея:

— Отец, к тебе гость приехал, очень издалека. Как странно, что он в простом экипаже и в обыкновенной одежде. Зачем же он сюда приехал?

Слышен был скрип песчинок на дворе под шинами въехавшей во двор коляски. Кирша смотрел мрачно. Непонятно, что было в его душе, — упрек? удивление? ужас?

Триродов подошел к окну. Из коляски выходил человек лет сорока, с очень спокойными, уверенными манерами. Триродов с первого же взгляда узнал гостя, хотя раньше никогда не встречался с ним в обществе. Зная его хорошо, но только по его портретам, по его сочинениям, по рассказам его почитателей и по статьям о нем. В юности завязались было кое-какие отношения через знакомых, но скоро порвались. Даже не удалось повидаться.

Триродову почему-то вдруг стало как-то неопределенно весело и жутко. Он думал:

"Зачем он ко мне приехал? Что ему от меня надо? И как он мог вспомнить обо мне? Так разошлись наши дороги, так мы стали чужды один другому".

И было волнующее любопытство:

"Увижу и услышу его в первый раз".

И бунтующий протест:

"Слова его — ложь! Проповедь его — бред отчаяния! Не было чуда, и нет, и не будет!"

Кирша, очень взволнованный, быстро убежал. Жуткое, чуткое ощущение одиночества охватило Триродова липкою сетью, опутало ноги, серым заткало взоры.

Вошел тихий мальчик, и, улыбаясь, подал карточку, — большой кусок картона, и на нем, под княжескою короною, литогравированная надпись:

Эммануил Осипович Давидов

Голосом, темным и глубоким от подавленного волнения, Триродов сказал мальчику:

— Проси.

Досадливый настойчиво повторялся в уме вопрос, — безответный:

"Зачем, зачем пришел? Что ему от меня надо?".

Жадно-любопытным взором глядел он, не отрываясь, на дверь. Отчетливые, неторопливые слышал шаги, все ближе, — как будто судьба идет.

Открылась дверь. Вошел гость, князь Эммануил Осипович Давидов, знаменитый писатель, мечтательный проповедник, человек знатного рода и демократических воззрений, любимый многими, обладающий тайною удивительного обаяния, влекущего к нему сердца.

Лицо очень смуглое, явственно нерусского типа. Скорбная черта слегка опущенных в углах губ. Короткая, острообрезанная, рыжеватая бородка. Волосы рыжевато-золотящиеся, слегка волнистые, остриженные довольно коротко. Это удивило Триродова: на портретах он видел князя Давидова с длинными, как у Надсона, волосами. Глаза черные, пламенные и глубокие. Глубоко затаенное в глазах выражение великой усталости и страдания, которое невнимательный наблюдатель принял бы за выражение утомленного спокойствия и безразличия. Все лицо и все манеры гостя выдавали его привычку говорить в большом обществе, даже в толпе.

Он спокойно подошел к Триродову, и сказал, протягивая ему руку:

— Я хотел вас увидеть. Уже давно я слежу за вами, и вот наконец пришел к вам.

Триродов, с усилием преодолевая волнение и темную чувствуя в себе досаду, говорил принужденно-любезным голосом:

— Я очень рад приветствовать вас в моем доме. Я много слышал о вас от Пирожковских. Вы знаете, конечно, — они вас очень любят и ценят.

Князь Давидов смотрел проницательно, но спокойно, слишком, может быть, спокойно. Казалось странным, что он ничего не ответил на слова о Пирожковских, как будто бы слова Триродова прошли, как мимолетные тени легких снов, мимо него, даже не задев ничего в его душе. А между тем супруги Пирожковские всегда говорили о князе Давидове, как о хорошем знакомом. — "Вчера мы обедали у князя", — "князь кончает новую поэму", — просто "князь", давая понять, что речь идет об их друге, князе Давидове. Впрочем, вспомнил Триродов, у князя Давидова много знакомых, и собрания в его доме всегда многолюдны.

Триродов спросил гостя:

— Позвольте предложить вам что-нибудь съесть или выпить. Вина?

— Если можно, чаю, пожалуйста, — сказал князь Давидов.

Триродов нажал кнопку электрического звонка. Князь Давидов говорил все тем же спокойным голосом, — слишком спокойным:

— В этом городе живет моя невеста. Я приехал к ней, и воспользовался случаем побеседовать с вами. О многом хотел бы говорить с вами, но не успею сказать всего. Поговорим только о наиболее существенном.

И он заговорил, не ожидая ответов или возражений. Пламенная лилась речь, — о вере, о чуде, — о чаемом и неизбежном преображении мира посредством чуда, о победе над оковами времени и над самою смертью.

Тихий мальчик Гриша принес чай и печенье, и неторопливыми движениями расставлял их на столе, часто взглядывая на гостя, синеглазый, тихий.

Князь Давидов с укором взглянул на Триродова. Сдержанная усмешка дрожала на губах Триродова, и упрямый вызов светился в его глазах. Гость ласково привлек к себе

Гришу, и нежно ласкал его. Спокойно стоял тихий Гриша, — и мрачен был Триродов. Он сказал гостю:

— Вы любите детей. Это и понятно. Ангелоподобные создания, хоть иногда и несносны. Жаль только, что мрут они уж очень на этой проклятой земле. Рождаются, чтобы умереть.

Князь Давидов спокойным движением отстранил от себя Гришу. Положил на его голову руку, словно благословляя мальчика, и отпустил. Гриша ушел.

Князь Давидов перевел на Триродова взор, внезапно сделавшийся тяжелым и суровым, и тихо спросил:

— Зачем вы это делаете?

Он спрашивал с большим напряжением воли, как желающий иметь власть. Триродов улыбнулся.

— Вам это не нравится? — спросил он. — Ну что ж, — с вашими обширными связями вы этому легко могли бы помешать.

Тон его слов дышал надменною иронией. Так говорил бы сатана, искушая постящегося в пустыне.

Князь Давидов нахмурился. Черные глаза его засверкали. Он опять спросил:

— Зачем вы все это сделали? И тело злодея, и душа невинного, — зачем все это вам?

Триродов решительно сказал, гневно глядя на гостя:

— Дерзок и труден мой замысел, — но разве я один тосковал от уныния, — тосковал до кровавого пота? Разве я один ношу в своем теле двойственную душу? и два соединяю в себе мира? Разве я один измучен, кошмарами, тяжелыми, как вселенское бремя? Разве я один в трагические мгновения жизни чувствовал себя одиноким и оставленным?

Гость улыбался странною, грустною, спокойною улыбкою. Триродов продолжал:

— Знайте, что я никогда не буду с вами, не приму ваших утешительных теорий. Вся ваша литературная и проповедническая деятельность в моих глазах — сплошная ошибка. Роковая ошибка. Я не верю ни во что из того, о чем вы так красноречиво говорите, прельщая слабых. Не верю.

Гость молчал.

— Оставьте меня! — решительно сказал Триродов. — Нет чуда. Не было воскресения. Никто не победил смерти. Над косным, безобразным миром восставить единую волю — подвиг, еще не свершенный.

Князь Давидов встал, и сказал печально:

— Я оставлю вас, если хотите. Но вы пожалеете о том, что отвергли путь, который я указываю. Единственный путь.

Триродов надменно возразил:

— Я знаю верный путь. Мой путь.

— Прощайте, — просто и спокойно сказал князь Давидов.

Он ушел, — и уже казалось, словно и не было его здесь. Погруженный в тягостное раздумье, Триродов не слышал стука отъезжающего экипажа, и неожиданное посещение смуглого, обаятельного гостя с пламенною речью, с огненными глазами вспоминалось, как полдневная греза, как внезапная галлюцинация.

"Кто же его невеста? и почему она здесь?" — подумал Триродов.

Странная, невозможная мысль пришла ему в голову. Разве Елисавета не говорила о нем когда-то с восторгом? Может быть, неожиданный гость отнимет от него Елисавету, как он отнял ее у Петра?

Было мучительно сомнение. Но Триродов всмотрелся в ясность ее очей на портрете, снятом им недавно, в стройность и прелесть ее тела, — и вдруг утешился. И думал:

"Она — моя".

А Елисавета, мечтая и горя, томилась знойными снами. И скучна была ей серая повседневность тусклой жизни. Странное видение, вдруг представшее ей тогда, в страшные минуты, в лесу, повторялось все настойчивее, — и казалось, что не иная, что это она сама переживает параллельную жизнь, проходит высокий, яркий, радостный и скорбный путь королевы Ортруды.

www.ingramcontent.com/pod-product-compliance
Lightning Source LLC
Chambersburg PA
CBHW011355010726
47494CB00008B/2323